Edition Theophanie

BAND 18

Hermes Trismegistos
An die menschliche Seele

Übersetzt von Heinrich Leberecht Fleischer
Neu herausgegeben von Manfred Ehmer

Theophania

Verlag für Theurgie
und Metaphysik

Hermes Trismegistos, An die menschliche Seele
Band 18 der Reihe Edition Theophanie
Copyright © 2024 **Theophania Verlag**
Inhaber: Dr. Manfred Ehmer
Angerburger Allee 9, 14055 Berlin
E-Mail: manfred.ehmer@googlemail.com
Webseite: **https://www.manfred-ehmer.net**

Titelbild: Der ägyptische Gott Thot
Bildquelle: Bild von Carlos Antonio Correia auf Pixabay

Druck und Distribution: tredition GmbH, Heinz-Beusen-Stieg 5, 22926 Ahrensburg

ISBN Softcover: 978-3-347-93703-1
ISBN Hardcover: 978-3-347-93704-8

Inhaltsverzeichnis

Hermes Trismegistos, der große Mystagoge des Abendlandes

Wer war Hermes Trismegistos?   7

Der ägyptische Urgott Thot   14

Hermes — ein Universalgott   17

Philosophie des All-Einen   20

Die Tabula Smaragdina   23

Die arabischen Hermetica   28

Das Buch der 24 Philosophen   34

An die menschliche Seele   37

Gliederung des Textes   39

**Hermes Trismegistos,
Sendschreiben
An die menschliche Seele**

Erster Abschnitt   45

Zweiter Abschnitt   52

Dritter Abschnitt   61

Vierter Abschnitt   68

Fünfter Abschnitt   76

Sechster Abschnitt   83

Epilog   89

Der Übersetzer   92

Literatur   93

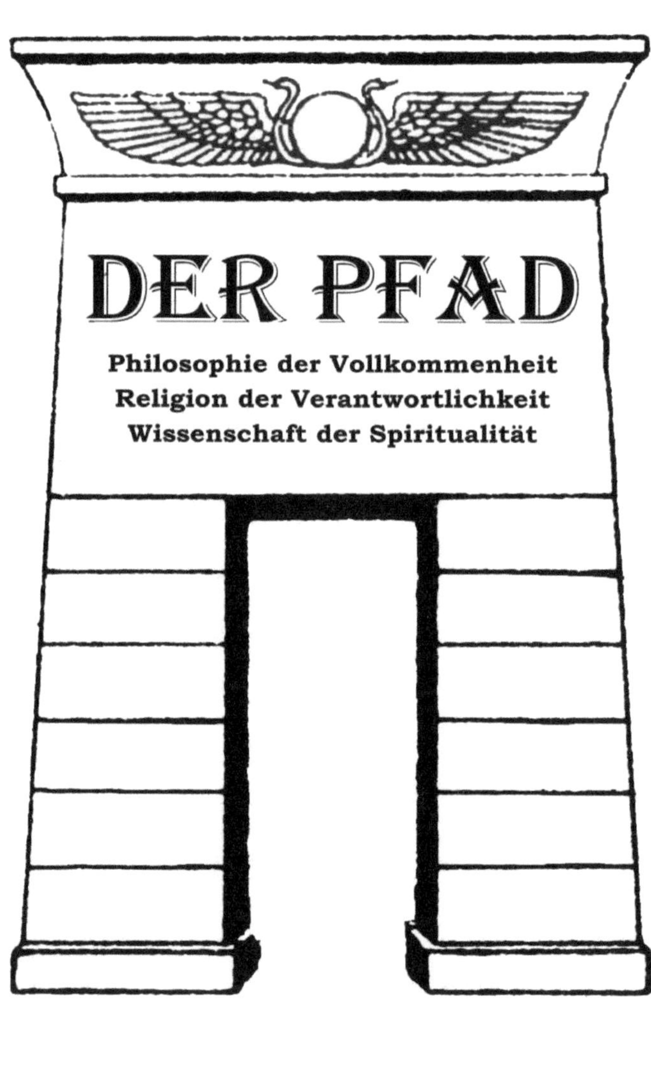
DER PFAD
Philosophie der Vollkommenheit
Religion der Verantwortlichkeit
Wissenschaft der Spiritualität

Hermes Trismegistos, der große Mystagoge des Abendlandes

Wer war Hermes Trismegistos?

Hermes Trismegistos (der Dreimalgrößte Hermes) gehört ohne Zweifel zu den großen Weisheitslehrern des Abendlandes, Schöpfer einer ursprünglich heidnisch-gnostischen Geheimlehre, deren Wirkung sich auf das frühe Christentum, die jüdische Mystik, die Alchemie, die gesamte arabische Philosophie, Astronomie und Medizin ausdehnte. Im Mittelalter als Verfasser der *Tabula Smaragdina* verehrt, einer alchemistischen Rätselschrift in 15 kurzen Aphorismen, berufen sich Albertus Magnus (1193–1280), Arnaldus von Villanova (1235–1311) und Trevisanus (1406–1490) auf ihn, den schon die antiken Kirchenväter, allen voran Augustinus (354–430), als einen der größten Weisen aller Zeiten gepriesen hatten. Doch erst die Übersetzung der Hermetica aus dem Griechischen ins Lateinische, durch den Florentiner Platonisten Marsilio Ficino (1433–1499), löste eine wahre Welle der Hermes-Begeisterung in Europa aus. Von ihren ägyptischen Wurzeln weitgehend losgelöst, wirkte die Hermetik auf Agrippa von Nettesheim, Paracelsus, die frühe Rosenkreuzerbewegung, die beginnende Freimaurerei, sowie auf Pico della Mirandola, Giordano Bruno und Goethe, um nur einige Beispiele zu nennen.

Hermes Trismegistos zählt zusammen mit Zarathustra, Pythagoras und Lao Tse zu den größten Geisteslehrern der Menschheit. Edouard Schuré hat ihm in seinem Buch *Die großen Eingeweihten* (1909) ein ganzes Kapitel gewidmet, und er gelangt zu der Ansicht, dass der Name Thot Hermes nicht nur eine einzelne Person bezeichnet, sondern auch eine Art Sammelbezeichnung darstellt. Schuré schreibt: „Hermes ist ein genereller Name wie Manu und Buddha. Er bezeichnet zugleich einen Menschen, eine Kaste und einen Gott. Als Mensch ist Hermes der erste, der große Eingeweihte Ägyptens; als Kaste ist er die Priesterschaft der okkulten Tradition; als Gott ist er der Planet Merkur, dessen Sphäre mit einer Kategorie von Geistern, von göttlichen Eingeweihten assimiliert ist."[1]

Nach K. O. Schmidt war der Weisheitslehrer Hermes Trismegistos „der Begründer der ägyptischen Kultur und der größte Erleuchtete und Prophet der Völkerschaften des Nillandes" und dürfte „etwa zu Beginn des 'Alten Reiches', das die 1. bis 10. Dynastie (3400–2100 v. Chr.) umfasste, gelebt und gewirkt haben"[2]. Thorwald Dethlefsen nennt ihn gar den „Stammvater der Esote-

---

[1] Edouard Schuré, Die Großen Eingeweihten, München 1976, S. 113.
[2] K. O. Schmidt, In Dir ist das Licht, München 1959, S. 39

rik"[3]. Er war möglicherweise auch der Lehrer des Weisen Imhotep, griechisch Asklepios, dem er – wie in dem lateinischen Dialog *Asclepius* geschildert – die bevorstehende Beherrschung Ägyptens durch Fremdvölker prophezeite. Wenn Hermes Trismegistos der Lehrer Imhoteps war, dann mochte er wohl unter der Regierungszeit des Pharao Djoser gelebt haben.

Das ganze Mittelalter über hielt man Hermes Trismegistos, auf ein Wort des Kirchenvaters Augustinus hin, für einen Zeitgenossen des Moses, der weitaus später als der Pharao Djoser, nämlich um 1250 v. Chr. gelebt hat; schließlich taucht recht geheimnisvoll erst gegen Ende der Antike – nicht früher als im 3. Jahrhundert n. Chr. – ein Corpus griechischer, lateinischer und koptischer Schriften philosophischen, mystischen und alchemistischen Inhaltes auf, die sich auf Hermes Trismegistos als ihren Verfasser berufen.

Obgleich ohne Zweifel die Frucht einer Spätzeit, offenbaren diese hermetischen Schriften doch ganz deutlich ein voll ausgebildetes System ägyptisch-hellenistischer Gnosis, das die Gottwerdung des Menschen durch Selbst- und All-Erkenntnis zu erreichen trachtet. Diese philosophische Hermetik findet sich am präzisesten niedergelegt im *Corpus Hermeticum*, einer Sammlung von Dialogen in 15 Kapiteln, die nach dem Einleitungskapitel häufig mit dem Titel *Poimandres* benannt wird. Wir wissen nicht, wer der Verfas-

---

[3] Thorwald Dethlefsen, Schicksal als Chance, München 1985, S. 28.

ser dieser Schriften war, doch enthalten sie neben griechischer Philosophie auch eine Tradition geheimen theurgischen Priesterwissens, die möglicherweise bis in die Glanzzeit der ägyptischen Pyramidenkultur zurückreicht.

Einer der Grundgedanken des *Corpus Hermeticum* besagt, dass der Mensch den Göttern des Alls nicht nur gleich und ebenbürtig sei, sondern ihnen sogar überlegen; denn keiner der Götter steigt hinab in die Tiefen der Materie, und keiner durchmisst die Weite des Himmels so wie der Mensch. Was in dem folgenden Zitat über das Wesen des Menschen gesagt wird, besitzt überzeitliche Gültigkeit, da es kristallklare Hermetik zum Ausdruck bringt: „Denn der Mensch ist ein wahrhaft göttliches Wesen; er kann nicht mit all den anderen Lebewesen auf der Erde, sondern allein mit den Göttern im Himmel verglichen werden. Ja, um die Wahrheit geradewegs ohne Furcht auszusprechen, der Mensch im eigentlichen Sinne steht sogar noch über den Göttern des Himmels, oder zumindest gleicht er in jeder Hinsicht ihrer Wirkmacht. Denn keiner der Götter des Himmels wird je den Himmel verlassen, seine Grenzen überschreiten, und hier auf die Erde herabkommen. Aber der Mensch steigt zum Himmel hinan, um ihn zu durchmessen, und was noch mehr ist als all dies, er besteigt den Himmel, ohne die Erde dabei zu verlassen; so groß ist die Entfernung, über die er seine Macht auswirkt. Wir dürfen nicht davor zurückschrecken, zu sagen: Der Mensch auf Erden ist ein sterblicher

Gott, und ein Gott im Himmel ein unsterblicher Mensch!"[4]

Ein weiterer Grundgedanke aus der Einweihungslehre des Hermes Trismegistos besagt, dass „Gleiches nur von Gleichem" erkannt werden kann: „Und bevor du nicht selbst gottgleich geworden bist, wirst du Gott nicht erkennen können, denn Gleiches kann nur von Gleichem erkannt werden. Frei von allem Körperlichen sollst du voranspringen, und heranwachsen sollst du zu einer Größe, die jenseits allen Maßes liegt; über die Zeit sollst du dich erheben und ewig sollst du werden – und dann wirst du Gott erkennen. Denke stets daran, dass für dich nichts unmöglich ist: halte dich für unsterblich und fähig, alles mit deinem Geist zu erfassen, jedwede Kunst und Wissenschaft zu kennen; finde dich am Wohnort jedes Lebewesens zuhause; mache dich höher als alle Höhen und tiefer als alle Tiefen; bringe in dir alle Gegensätze der Qualitäten zusammen (....) ergreife in deinem Geist all dies zusammen; und dann wirst du Gott erkennen."[5]

Um zu einer solchen gnostischen Erkenntnis Gottes hinzuführen, weist Hermes Trismegistos einen Weg der Selbst-Transmutation, auf dem die physische Leiblichkeit des Menschen schrittweise umgewandelt wird in eine Geistleiblichkeit; am Ende steht die vollkommene Gottwerdung des Menschen.

---

[4] Das Corpus Hermeticum. Übersetzung und Kommentar, 3. Aufl. Hamburg 2021 (edition theophanie Band 7), S, 137-38.
[5] Das Corpus Hermeticum, S. 146-47.

Aus dem Blei des physischen Leibes soll das Gold des künftigen Geistleibes herausgeläutert werden: darin besteht jene Transmutation, die das eigentliche Zentrum der hermetischen Einweihung darstellt; der *Stein der Weisen*, der die Umwandlung zustande bringt, ist der *Nous* als der ewige unsterbliche Geist des Menschen. Hierbei geht es nicht etwa um eine Überwindung sondern um eine Transformation der Materie, die durch Vergeistigung geläutert, befreit, spiritualisiert, ja gottgleich gemacht werden soll.

Transformation der Materie – darum allein geht es in der *Alchemie,* die als Kunst der Stoffumwandlung aus dem späten Ägypten stammt; im Mittelalter hielt man Hermes Trismegistos für ihren Urheber, wegen der angeblich von ihm verfassten *Tabula Smaragdina.* Die Veredelung der Metalle und die Gewinnung von Gold stellt nur die äußere labortechnische Seite der Alchemie dar, die den inneren Prozess der Selbst-Transformation des Menschen symbolisch widerspiegelt. Doch kann das Äußere nicht ohne das Innere, die exoterische nicht ohne die esoterische Alchemie verstanden werden; die Läuterung des Stoffes und die Veredelung der Metalle ist nicht möglich ohne Selbst-Veredelung. Die Hermetik erstrebt eine Selbstveredelung des Menschen durch Geist- und Gottwerdung: aus dem Schoß der dunklen Materie soll der künftige Gottmensch geboren werden. In der Alchemie geht es um das Stoffgeheimnis, um das Mysterium der Materie – wobei Materie nichts anderes ist als verdichteter Geist. Hermetik und Alchemie – darin lebt das Ewige Ägypten weiter; darin erweist sich Ägypten als eine echte Weltkultur, deren Erbe in den Besitz der ganzen Menschheit übergeht. Das alte pharaonische Ägypten wandelt sich in Gestalt der Hermetik in eine überzeitliche Weisheit, die im Zeichen eines globalen Bewusstseinswandels auch in moderne Esoterik einfließen kann.

Entstanden im multikulturellen Milieu der einstigen Welt-Metropole Alexandria, kann esoterischer Hermetismus in heutiger Zeit nur Toleranz und geistige Entwicklung bedeuten. Mit den Worten des namhaften Ägyptologen Erik Hornung: „Man spricht wieder zunehmend von der Aktualität der hermetischen Weltsicht, die einen Beitrag zur Sinngebung auch für unsere moderne Welt leisten kann, wobei sie unmittelbar an das Urwissen der ältesten Kulturen anzuknüpfen versucht, an die Kernidee aller Esoterik, wonach uralte Weisheiten auch in einer gewandelten Welt immer noch gültig bleiben. Alle Hermetik ist ihrem Wesen nach tolerant, Hermes Trismegistos ist ein Gott des Ausgleichs, der Versöhnung und der Wandlung, der keine starren Dogmen verkündet. Darin ist er ein Heilmittel gegen jeglichen Fundamentalismus, den es zu überwinden gilt, wenn wir in Frieden leben wollen."[6]

---

[6] Erik Hornung, Das esoterische Ägypten, München 1999, S. 206.

Der ägyptische Urgott Thot

Hermes Trismegistos ist ein ägyptischer Gott in griechischem Gewande, die Hermetik ägyptische Urweisheit in der Sprache der platonischen Philosophie. In dem ibisköpfigen Gott *Thot* oder *Dschehuti,* im Neuen Reich (1559–1200 v. Chr.) auch als Pavian dargestellt, sehen wir die ägyptische Entsprechung des griechischen Hermes. Der Beiname des Gottes Thot, Dreimalgrößter, findet sich erstmals in einer Notiz des Priesters Hor aus der Zeit des Königs Ptolemaios IV. (221–204 v. Chr.). Marsilio Ficino, der spätere Übersetzer des *Corpus Hermeticum* ins Lateinische, war der Meinung, der Beiname *Trismegistos* (d. h. der dreimal Größte) rühre daher, dass dieser ägyptische Hermes zugleich der Größte der Philosophen, der Priester und der Könige gewesen sei. Die erste ausdrückliche Gleichsetzung von Thot und Hermes findet sich bei Manetho, einem ägyptischen Priester aus dem 3. Jahrhundert v. Chr. zu Beginn der hellenistischen Ära in Ägypten.

Wer war nun der ägyptische Urgott Thot? Ausgangspunkt seiner Verehrung war Hermopolis, der Hauptort des 15. unterägyptischen Gaues im Sumpfgebiet des nordöstlichen Nildeltas. Diese Lage lässt ihn schon früh zum „Herrn der Fremdländer" werden, was auch seine Funktion als Dolmetscher, Übersetzer, Deuter beinhalten mag. Daher auch unser heutiges Wort Hermeneutik. In erster Linie bleibt Thot aber der Wissensvermittler; die ihm zugeschriebene Ibisgestalt legt das für ihn so charakteristische suchende und findende Stochern im Schlamm nahe, was im übertragenen Sinne das Aufspüren verborgener Schätze bedeuten mag. Thot wurde nun irgendwann im Alten Reich – mit Sicherheit erst belegt durch die Sargtexte – nach Hermopolis übertragen und dort zum Hauptgott erhoben; die Paviangestalt hat er wohl von einem unbekannten Ort mitgenommen.

Als Gott des Wissens erhält Thot verschiedene Rollen in den ägyptischen Mythen: er ist es, der Seth und Horus im Streit voneinander trennt; er berechnet aus den Mondphasen die Zeit und erscheint daher als derjenige, der den Mond füllt, als Zeitgott und Mondgott gleichermaßen, der die Mondsichel mit der Dunkelmondscheibe auf dem Haupte trägt. So kommt zu seinem merkurischen Charakter eigentlich nur durch die Zeitrechnung noch etwas Lunares hinzu. Dies Lunare, Mondhafte bleibt für Thot aber immer nebensächlich; er ist eigentlich ganz Merkur, und zwar im umfassendsten Sinn des Wortes. Er berechnet die Lebensjahre des Königs und schneidet sie in einen Kerbstock ein; als Erfinder der Schrift und der Sprachen wurde er ganz selbstverständlich zum Schutzgott der Schreiber; andererseits prädestiniert ihn seine Tätigkeit als Zusammenfüger auch zum Restaurator der Leiche des Osiris. Von daher besteht eine Verbindung zur Heilkunst, und die enge Verbindung des Thot zum Heilgott Imhotep, dem Asklepios der Griechen, wird verständlich. Im Götterboot des Sonnengottes Re nimmt Thot die Stellung des Vesirs ein, und auf Grund seiner Schriftkenntnis wird er zum großen Zauberer, zum *Herrn der Gottesworte*. Im Totenreich hat er die Aufgabe, als *Psychopompos* die Seelen der Gestorbenen vor das Osirisgericht zu führen; manchmal sitzt er als Pavian auf der Seelenwaage, um deren rechten Gang zu gewährleisten.

Am 19. des 1. Monats wurde in Ägypten schon früh ein Thotfest begangen, an dem auch die Toten teilnahmen und das dem ersten Monat den Namen gab. Als Bild des Thot hat man in der Spätzeit Ibisse in unendlicher Zahl mumifiziert und beigesetzt, nicht nur in Saqqara, wo zwischen Thot-Hermes und Imuthes-Asklepios eine Identität hergestellt wurde, sondern auch in Hermopolis. In griechisch-römischer Zeit wandelte Thot sich zum allgewaltigen Hermes Trismegistos, dem Schöpfer einer Geheimlehre heidnischer Gnosis, der im Mittelalter gar als Begründer der Alchemie galt. Gab es im Alten Ägypten schon Thot-Mysterien, die in die spätere Hermetik einflossen? Ja, gibt es nicht ein uraltes ägyptisches Weistum, auf das die hermetische Philosophie zurückgeht?

Gibt es eine ägyptische Urfassung, die dem *Corpus Hermeticum* zugrunde liegt – hat es ein okkultes *Buch Thot* gegeben, aus dem alle spätere Hermetik sich herleitet? Der Neuplatoniker *Jamblichos* im 3. Jahrhundert n. Chr. kennt nach eigener Aussage eine Sammlung hermetischer Schriften, die von einem gewissen *Bitys* aus dem Ägyptischen ins Griechische übersetzt wurden. Wenn die Urfassung des *Corpus Hermeticum* eine ägyptische war, Geheimschriften des Gottes Thot vielleicht, dann könnte die Hermetik ein weitaus höheres Alter aufweisen als man bisher angenommen hat; sie wäre dann uraltes Priesterwissen, das später von den Schriftstellern der Alexandrinischen Schule in Übereinstimmung mit der griechischen Philosophie gebracht wurde.

Das okkulte *Buch Thot* aufzufinden, und das heißt, die ägyptischen Urfassungen der späteren Hermetica ans Licht des Tages zu ziehen, muss den Ägyptologen überlassen bleiben. In den Sargtexten des Mittleren Reiches – religiösen Sprüchen auf den Särgen von Beamten – hören wir zum ersten Mal von einem Gottesbuch des Thot; und ein gewisser Amenophis aus der Zeit Pharao Amenophis III., der die Aufstellung der Menonskolosse leitete, sagt auf einer seiner Statuen im Tempel von Karnak (um 1360 v. Chr.): *„Ich wurde eingeführt in das Gottesbuch, ich sah die Verklärungen des Thot und wurde ausgerüstet mit ihren Geheimnissen."* Das Gottesbuch des Thot könnte die hermetischen Urlehren enthalten haben.

Hermes – ein Universalgott

Aus Thot wurde Thot-Hermes und aus diesem Hermes Trismegistos. Der griechische Gott *Hermes* zeigt sich als eine sehr komplexe, schillernde Gestalt – Wanderer, Magier, Kaufmann und Schelm zugleich. Der Mythos nennt ihn den Sohn des Zeus und der Nymphe Maia; ursprünglich war er wohl nur der Patron der Reisenden, worauf seine klassischen Attribute: Wanderstab, breitkrämpiger Hut und geflügelte Schuhe hinweisen sollen. Sein Name hängt etymologisch zusammen mit dem griechischen Wort *hermaion*, d. h. Steinhaufen. Solche Steinhaufen, die den Wanderern zur Orientierung überall aufgestellt waren, galten dem Hermes ebenso als geheiligt wie die vor den Häusern stehenden *Hermen*, d.h. pfeilerförmige Bilddenkmale mit menschlichem Kopf, die als Weg- und Grenzmale dienten, aber auch den Bewohnern der Häuser Schutz spenden sollten.

Hermes besitzt durchaus eine innere Zwiespältigkeit. Nach Homer ist es Hermes, der „den Werken aller Menschen Anmut und Glanz verleiht" (*Odyssee* XV /319); die Homerischen Götterhymnen nennen ihn hingegen den „verschlagenen, listigen Schmeichler, ihn, den Rinderdieb und Räuber, den Lenker der Träume, Hermes, den mächtigen Späher und Pfortenhüter"[7].

Dies bezieht sich darauf, dass Hermes der Sage nach seinem Bruder Apollon eine Rinderherde raubte; als der Diebstahl herauskam, schenkte er dem Sonnengott als Entgelt jene Leier, die er auf den Bergen Arkadiens einst aus dem Panzer einer Schildkröte geformt hatte. Als Gott der Hirten besaß er die magische Fähigkeit, die Herden zu vermehren. Sein Wanderstab konnte auch als Zauberstab gelten; er konnte die Menschen damit einschläfern und wieder aufwecken, wurde aber auch als Heroldsstab gedeutet. Neben den Einzelaufgaben, mit denen ihn die olympischen Göt-

---

[7] Die Homerischen Götterhymnen, Basel 1987, S. 70.

ter betrauten, vor allem die Funktion des Götterboten, führte Hermes als *Psychopompos* die Seelen der Verstorbenen ins Totenreich. In diesen Zusammenhang gehört es, dass man ihm am dritten Tag der Anthesterien, der als Frühlings- und Totengedenkfest begangen wurde, Töpfe mit Speisen hinstellte: als Opfergabe und zugleich zum Gedächtnis an die Toten. Als Seelengeleiter der Gestorbenen verschmolz Hermes mit der Gestalt des *Charon*, jenes Fuhrmanns, der die Toten über die Unterweltsflüsse Styx, Acheron usw. setzte und sie zu den Gestaden des Hades brachte.

Soweit das herkömmliche Bild des Hermes; erst im Hellenismus unter ägyptischem Einfluss änderte es sich grundlegend: Hermes nahm zunehmend die Züge eines mystischen Allgottes an. In den spätantiken Mysterienkulten wuchs er zu einer Universalgestalt heran: Sonnengott und Weltenherrscher, Logos und Nous zugleich. Als Seelenführer setzte ihn der antike Synkretismus mit dem persischen Mysteriengott *Mithras* gleich, wie auf dem Grabmonument des Antiochus aus Kommagene auf dem Nemrud-Dagh dargestellt. Daneben tritt Hermes auch als menschliche Person auf, als ein Eingeweihter und Weiser.

Im Dialog *Asclepius* erscheint er als ein echter Gottmensch, in dem sich menschliche und göttliche Natur untrennbar miteinander verschwistern. Eine bisher nie gekannte Steigerung seiner Gottnatur erfährt Hermes Trismegistos in dem Nag-Hammadi-Text *Über die Achtheit*, wo Tat ihn als „Herrn des Universums" anspricht: „*Vater Tris-*

megistos, lass' meine Seele nicht die große göttliche Vision entbehren. Denn für Dich als Herrn des Universums ist alles möglich."

Philosophie des All-Einen

Die Hermetik ist eine Philosophie des Lebendigen und der All-Einheit; und in ihrem Mittelpunkt steht der Gedanke der Identität von Ich, Welt und Gott. Es wäre in dieser Sicht ein Irrtum anzunehmen, das Ich sei eine isolierte, von der Welt losgelöste Monade. Denn eigentlich sind Ich und Welt eins; nur Irrtum und Verstrickung hindert das Ich daran, dies zu erkennen. Und wenn das Ich sein Einssein mit der Welt erkannt hat, dann hat es die Einigung mit dem All-Gott vollzogen, der nicht als ein transzendenter Schöpfergott, sondern als ein immanenter Weltengott aufgefasst wird. Deshalb kann man Professor G. Quispel, Utrecht, zustimmen, wenn er sagt, alle Schriften der Hermetik seien nur verschiedene Variationen zu dem Thema *Wer sich selbst erkennt, kennt das All.*

Nach den Lehren der Hermetik ist Gott keine von der Welt getrennte, über oder außerhalb der Welt schwebende Wesenheit, auch kein Erster Beweger, der die Schöpfung von außen her anstößt, sondern vielmehr eine der Welt immanente, schaffende und bewegende Urkraft, die Alles in sich beschließt und beständig am Sein erhält. Diese immanente Welten-Gottheit wird als das „Gute" bezeichnet und zugleich als Strahlquelle allen geistigen Lichts. Selbst der Geist, eigentlich

ja das höchste Prinzip im Universum, ist nur eine Abstrahlung jenes Gottes, der „Alles in Allem" ist und insofern Schöpfer und Geschöpf zugleich.

Der Gedanke der All-Einheit, das *hen to pan* der alten Weisen, liegt der Hermetischen Philosophie zugrunde. Man findet ihn, in der einen oder anderen Variante, immer wieder in den Schriften der Hermetik. In einem Dialog mit seinem Jünger Asclepius sagt Hermes Trismegistos: „Denn alles Bestehende, oh Asclepius, *ist in Gott*; es ist von Ihm erschaffen worden und daher auf Ihn hingeordnet (...). Es gibt nichts, das nicht in Gott wäre; und es gibt nichts, in dem nicht Gott wäre. Nein, ich sage nicht, dass Gott Alles in sich enthält, sondern ich sage, um die volle Wahrheit auszusprechen, *dass Gott Alles ist*."[8] In einem Gespräch mit seinem Sohn Tat sagt Hermes: „*Gott ist das All*, und es gibt nichts, was nicht im All

---

[8] Das Corpus Hermeticum, S. 127.

eingeschlossen wäre. Daher gibt es weder Größe noch Raum, noch Qualität, Form oder Zeit außerhalb Gottes, der ja Alles ist, allumfassend und alldurchdringend. Diesen Gott, mein Sohn, bitte ich dich zu verehren und anzubeten; es gibt aber nur eine Form der Gottverehrung: frei von Übel zu sein!"[9]

Der All-Einheitsgedanke der Hermetik kommt auch in der alchemistischen Kunst zum Ausdruck. In einer Handschrift der Alchemistin Cleopatra über Chrysopoia, also über die Goldmacherkunst, findet sich eine Abbildung des sich selbst in den Schwanz beißenden Drachens Ouroboros; darunter steht die Aufschrift *hen to pan* – „Eins ist Alles".

Erkenne Dich selbst, γνῶθι σεαυτόν, so soll die Inschrift auf dem Tempel des Apollon-Orakels zu Delphi gelautet haben. Wahre Selbsterkenntnis ist nach der Hermetik gleichbedeutend mit All- und Kosmos-Erkenntnis, die zugleich auch wahre Gott-Erkenntnis beinhaltet. Erkenntnis Gottes bedeutet hier nicht einen Akt theoretischer Reflexion, sondern ein wesensmäßiges Einswerden mit Gott, wie es etwa in der Mystik vollzogen wird.

Ein solcher Weg der Selbst-, All- und Gott-Erkenntnis wird nicht nur in der Hermetischen Philosophie gewiesen, sondern auch im Neuplatonismus sowie in der mystischen Geheimlehre des Hinduismus, die in den ab 800 v. Chr. entstandenen *Upanishads* schriftlich niedergelegt wurde.

---

[9] Das Corpus Hermeticum, S. 155.

Der Zentralgedanke der Upanishaden ist die wesensmäßige Einheit des *atman* mit dem *brahman*, der Einzelseele mit der Universalseele.

In der *Brihad-Aranyaka-Upanishad* beispielsweise heißt es: „Nur das Brahman war hier am Anfang. Dies kannte nur sich selbst: 'Ich bin Brahman'. Darum wurde es zu der ganzen Welt. Wer immer von den Göttern das erkannte, der wurde dazu (zur ganzen Welt). Ebenso ist es bei den Rishis, ebenso bei den Menschen. (....) Darum wird auch jetzt der, der so weiß: 'Ich bin Brahman', zur ganzen Welt."[10] Die Identität des *atman* mit dem *brahman* – das ist im Grunde genommen ganz und gar „hermetisch" gedacht. Zusammen mit den Upanishaden und dem *Tao-te-king* des Lao-Tse, mit den Schriften Plotins, der mittelalterlichen Mystiker und der islamischen Sufis zählt das *Corpus Hermeticum* zu den Grundtexten der mystischen Weltliteratur.

Die Tabula Smaragdina

Im hohen Mittelalter, etwa im 12. Jahrhundert, taucht im Abendland erstmals in lateinischer Übersetzung eine kurze Rätselschrift auf, die oft als eine Gebrauchsanweisung zur Gewinnung des berühmten Steins der Weisen gesehen wurde – die *Smaragdene Tafel* des Hermes Trismegistos. Und tatsächlich war der Dreimalgrößte Hermes

---

[10] Upanishaden, Die Geheimlehre der Inder, Köln 1977, S. 55.

dem Mittelalter lediglich als der große Alchemist bekannt; seine in griechischer Sprache geschriebenen Einweihungsschriften, gesammelt im *Corpus Hermeticum*, waren völlig in der Versenkung verschwunden. Die *Tabula Smaragdina*, die wichtigste Inspirationsquelle der mittelalterlichen Alchemisten, ist ein verschlüsselter Text, dessen Sinn sich dem Lesenden nicht sogleich mitteilt. In diesem Sinne schrieb St. Klossowski de Rola in seinem Buch *Alchemie – Die geheime Kunst*:

„Bei dem Versuch, die *Smaragdene Tafel* zu interpretieren, darf man sich keinesfalls zu voreiligen Schlüssen und vor allem nicht dazu verleiten lassen, ihre Aussage nur auf eine Ebene des Verstehens zu beschränken. Je tiefer man in die Prinzipien der alchemistischen Kunst eindringt, desto mehr nimmt das *intuitive* Begreifen, das 'innere Verstehen', zu. Das gilt natürlich für alle alchemistischen Texte, doch für diesen in besonderem Maße. Der Neuling ist zunächst fasziniert, dann wird er versucht sein, das Ganze als Kauderwelsch abzutun; wenn er jedoch hinreichend geduldig und demütig ist (...), wird der erste intuitive Funke in seinem Geist zünden und ihn zum Weitermachen ermutigen, bis er allmählich fähig ist, das Feine vom Groben und das Wahre vom Falschen zu trennen."[11]

Ein weiteres Zeugnis über die Smaragdtafel des Hermes soll hier angefügt werden. Es stammt von dem großen Magier und Okkultisten Eliphas Levi, der in seiner *Geschichte der Magie*

---

[11] Klossowski de Rola, Alchemie, München 1974, S.21.

sagt: „Ägypten erhebt die Magie zur Universalwissenschaft und formuliert sie als vollkommenes Dogma. Nichts übertrifft oder gleicht als Zusammenfassung aller Lehren der alten Welt jenen in kostbaren Stein gemeißelten und unter dem Namen *Tabula smaragdina* bekannten Lehrsätzen des Hermes"[12]. Und ein Autor des 20. Jahrhunderts, Thorwald Dethlefsen, sieht in den magischen Sprüchen des Hermes die Grundlage jeder Esoterik überhaupt: „In diesen fünfzehn Thesen ist alles Wissen zusammengefasst, das dem Menschen jemals zugänglich ist. Der Text beschreibt die Schöpfung des Universums und gleichzeitig die Herstellung des Steins der Weisen."[13] Die aphoristischen Kernsätze der Smaragdenen Tafel enthalten tiefe Weisheiten, die nur auf dem Wege meditativen Gewahrwerdens erschlossen werden können. Hier der vollständige Wortlaut des Textes:

- Es ist wahr, gewiss und ohne Lüge:
- Was das Untere ist, ist wie das, was das Obere ist. Und das, was das Obere ist, dient wie das, was das Untere ist, um die Wunder einer Sache zu Stande zu bringen.
- Und wie alle Dinge von einem her stammen, durch den Plan eines: so stammen alle geschaffenen Dinge von dieser einen Sache her durch Adoption.

---

[12] E. Levi, Geschichte der Magie, München 2001, S. 81.
[13] Thorwald Dethlefsen, Schicksal als Chance, S. 30.

- Sein Vater ist die Sonne, seine Mutter der Mond.
- Der Wind trug es in seinem Bauche, seine Nährerin ist die Erde.
- Es ist der Vater der Vollendung der ganzen Welt, seine Tugend ist vollkommen, wenn es in Erde ist verwandelt worden.
- Trenne die Erde vom Feuer, das Subtile vom Dichten, sukzessiv und mit großer Geschicklichkeit.
- Es steigt von der Erde zum Himmel und steigt dann vom Himmel wieder zur Erde hinab und erhält die Kraft der Oberen und Unteren.
- So hast du den Ruhm der ganzen Welt.
- Daher wird von dir fliehen jegliche Finsternis.
- Das ist aller Stärke Stärke, weil sie jede subtile Sache besiegt und jede feste durchdringt.
- So ist die Welt erschaffen.
- Daher stammen die wundersamen Anpassungen, deren Maß dieses ist.
- Deswegen heiße ich der dreimalgrößte Hermes, der ich habe drei Teile der Philosophie der ganzen Welt.
- Es ist vollendet, was ich vom Wirken der Sonne gesagt habe.

Es hat schon Kommentatoren gegeben, die im Text der *Tabula Smaragdina* lediglich eine Gebrauchsanweisung zur Herstellung des Steins der Weisen sehen wollten, jenes magischen Universalmittels, das unedle Metalle wie Blei in Gold zu verwandeln vermag. Unsinnig wäre indessen die Vorstellung, dass der Stein der Weisen durch äußere Prozeduren und Operationen gewonnen werden könnte. Nein, der Stein der Weisen ruht vielmehr in unserem Inneren als unsere wahre, höhere Menschennatur!

Der Stein der Weisen meint dasselbe, was der Mystiker Meister Eckhart als das Seelenfünklein und die indischen Meister als das Atman bezeichneten: unser höheres, geistig-göttliches Selbst, das – wenn in rechter Weise erlöst – die Welt der Stofflichkeit durchlichtet und selbst die äußere physische Leiblichkeit unseres Körpers in eine höhere Geistleiblichkeit umwandelt. So und nur so ist die Aufforderung des Alchemisten Gerhard Dorn (16. Jahrhundert) zu verstehen: *Transmutemini in vivos lapides philosophicos – Verwandelt euch in lebendige Steine des Weisen! –*

Viele Legenden ranken sich um die *Tabula Smaragdina*, in der alle Geheimnisse der Königlichen Kunst zu finden sein sollen. Die einen sagen, Alexander der Große habe sie einst im Grab des Hermes gefunden; die anderen behaupten, Sarah – die Frau Abrahams – habe sie in einer Höhle nahe Hebron entdeckt. Es gibt auch einen Bericht des großen Thaumaturgen und Magiers *Apollonios von Tyana* (40–120 n. Chr.); später gelangte die *Tabula Smaragdina* in die Hände des Priesterarztes Sergios von Ris-Aina (6. Jh. n. Chr.), der den Text aus dem Altsyrischen ins Lateinische übersetzte.

In lateinischer Fassung ist die Smaragdene Tafel des Hermes Trismegistos in Europa mindestens seit dem 11./12. Jahrhundert n. Chr. bekannt, denn aus dieser Zeit stammt ein ebenfalls in lateinischer Sprache verfasster Kommentar dazu von einem Mönch namens Hortulanus. Das Mittelalter lebte noch ganz im Geist der hermetischen Alchemie; die in Griechisch verfassten Einweihungsschriften des Hermes blieben weitgehend unbekannt: erst die Renaissance förderte sie zutage.

Die arabischen Hermetica

Nach Europa kam die Alchemie nur über einen Umweg, über das Arabertum. Während griechische Philosophie und Wissenschaft in Europa zwischen dem 6. und dem 12. Jahrhundert fast völlig in Vergessenheit geriet, wurde sie von den Jüngern Mohammeds nicht nur gepflegt, sondern auch über alle Gebiete des arabischen Weltreiches verbreitet. So geriet auch die Alchemie zunächst in arabische Hände. Der erste Förderer dieser Geheimen Kunst war Prinz Khalid Ibn Yazid, Sohn des Kalifen, der von einem gewissen Morienus, einem christlichen Asketen aus Alexandria, in die Alchemie eingeführt wurde.

In allen Zentren arabischer Kunst und Wissenschaft wurden Alchemie und griechische Philosophie gepflegt. Der Arzt und Philosoph Avicenna (eigentlich Ibn Sina, 980–1037), ein großer Aristoteles-Kenner, stand in dem Ruf, die Alchemie zu betreiben. Er sollte zu einem der großen

Lehrer des Abendlandes werden, in der Philosophie wie auch in der Medizin; denn seit der Rückeroberung des maurischen Spanien durch die Kreuzritter im 11. Jahrhundert kam die Christenheit erstmals mit der geistig weitaus höher stehenden Weisheit der Araber in Berührung.

Eine rege Übersetzertätigkeit setzte ein, die dazu führte, dass auch alchemistische Werke ins Lateinische übertragen und damit dem Abendland zugänglich gemacht wurden. Erzbischof Raymond von Toledo richtete gar ein Übersetzer-Kollegium ein, und so wurde Toledo zu einer Art Drehscheibe zwischen maurischer und christlicher Kultur. Zu den arabischen Autoren, die den nachhaltigsten Einfluss auf die westliche Alchemie ausübten, zählt Johannes Geber, eigentlich Dschabir Ibn Hayyan, geboren um 721.

Tatsächlich hat Hermes Trismegistos bei den Arabern eine wichtige Rolle gespielt, die ihn als Verfasser philosophischer, astronomischer und medizinischer Bücher sahen; Masala (um 800 n. Chr.) behauptet, 24 astrologische Werke von ihm zu kennen. Einige der arabischen Hermetica wurden schon im Mittelalter ins Lateinische übertragen und von Albertus Magnus in seinem *Speculum astronomicum* benutzt, sodass der Name des Hermes als eines großen Weisen der Vorzeit dem Abendland übermittelt wurde.

Während sich im *Corpus Hermeticum* noch keine Anzeichen eines eigenen Kultes erkennen lassen, gab es im arabischen Raum offensichtlich organisierte Kultgemeinden gnostischen Charakters, die sich auf die Offenbarungen des Hermes Trismegistos beriefen und heilige Bücher unter seinem und des Agathos Daimon Namen besessen haben. Gemeint ist die mesopotamische Gemeinde der Sabier oder Harraniter, die bis tief in die islämische Zeit hinein bestanden hat. Der arabische Autor Abd Allatif behauptet, er habe in den heiligen Schriften der Sabäer gelesen, dass eine Pyramide von Gizeh das Grabmal des Agathodaimon sei und die andere das des Hermes.

Im Islām war Hermes Trismegistos unter dem Namen *Idris* bekannt (siehe Koran Sure 19, 54 und 21,85); Idris ist jedoch derselbe wie der alttestamentliche *Henoch*. In Enoch, wie man ihn auch nennt, sehen wir einen der ältesten Verwahrer göttlichen Wissens; und auf ihn geht die hermetische Tradition als auf ihren eigentlichen Urvater zurück. Der biblische Henoch (hebr. der Kundige, Wissende, Eingeweihte), der Vater Methusalems und Großvater Noahs, wird bereits in der Genesis erwähnt als ein Patriarch, um dessen Weisheit sich viele, teilweise auch nichtjüdische Legenden ranken. In der Reihe der babylonischen Urkönige entspricht ihm *Emmenduranki*. Er galt als Erfinder der Rechenkunst, der Schrift, der Astronomie, verfügte über magische Fähigkeiten und fuhr wie Elias in den Himmel auf. Kein Wunder, dass dieser Hocheingeweihte aus frühester Zeit zur Hauptperson des Wunderglaubens bei Juden, Christen und Muslimen gleichermaßen wurde.

Da sich die esoterischen Traditionen Ägyptens nach der islämischen Eroberung im Jahre 641 n.

Chr. an das Arabertum forterbten, so wollen wir hier einmal die Meinung des arabischen Gelehrten aus dem 15. Jahrhundert, Muhammad al-Makrizi, anführen. Dieser vertrat die Ansicht, dass die Pyramiden „nur vor der Sintflut erbaut" sein konnten, und als Erbauer nennt er keinen Geringeren als den biblischen Henoch, den er auch den „ersten Hermes" nennt:

„Es gibt Leute, die sagen: Der erste Hermes, welcher der Dreifache in seiner Eigenschaft als Prophet, König und Weiser genannt wurde (es ist der, den die Hebräer Henoch, den Sohn des Jared, des Sohnes des Mahalalel, des Sohnes des Kenan, des Sohnes des Enos, des Sohnes des Seths, des Sohnes Adams – über ihm sei Heil – nennen, und das ist Idris), der las in den Sternen, dass die Sintflut kommen werde. Da ließ er die Pyramiden bauen und in ihnen Schätze, gelehrte Schriften und alles, worum er sich sorgte, dass es verloren gehen und verschwinden könnte, bergen, um die Dinge zu schützen und wohl zu verwahren."[14]

Der arabische Autor Albumazar (787–886), Verfasser der verloren gegangenen Schrift *Kitab al-Uluf*, spricht sogar von drei Hermes', die das spirituelle Urwissen durch die Zeitalter getragen hätten, und zwar von der frühesten vorsintflutlichen Zeit an bis in die Glanzzeit Ägyptens. Der erste Hermes sei ein Enkel Adams gewesen und

---

[14] Zt. nach Erdogan Ercivan, Das Sternentor der Pyramiden, 3.Aufl. München /Essen 2000 S. 148.

hätte vor der Sintflut gelebt; den Hebräern war er als Henoch bekannt. Um das geistige Wissen seiner Zeit vor dem Untergang in der Flut zu bewahren, habe er es in Stein meißeln lassen (nach einer Freimaurer-Legende in Form von zwei Säulen). Der zweite Hermes habe dieses Wissen nach der Sintflut wiederbelebt; der dritte Hermes schließlich habe in Ägypten gelebt und sei der Lehrer des Asklepios (d. i. Imuthes) gewesen.

Damit haben wir eine Kette von geistigen Lehrern vor uns, und der letzte, der ägyptische Hermes erscheint als der Sachwalter und Wiederbeleber eines uralten Wissen, das bis auf die Goldene Zeit vor der Sintflut (bei Platon: *Atlantis*) zurückgeht. Das ist im eigentliche Sinne die hermetische Tradition; die Hermetik hat immer den Charakter einer *philosophia perennis* (Ewigen Philosophie) gehabt. Es gab auch arabische Autoren, die behauptet haben, auf wundersame Weise in den Besitz der Tabula Smaragdina gekommen zu sein. Im Buch Krates des Weisen berichtet der Autor, wie er in den Besitz seiner Weisheit gekommen ist: er wurde in den Himmel entrückt, wo er „wandelte mit der Sonne und dem Mond"[15], dort sah er einen ehrwürdigen Greis auf einem Thron sitzen mit einer Tafel in der Hand. Die Tafel enthielt alles Wissen, das der Menschheit seit den Tagen der Sintflut verloren gegangen war.

Ähnlich die Auffindung der heiligen smaragdenen Tafel durch *Balinus* (Pseudo-Apollonios

---

[15] J. Ruska, Arabische Alchemisten, Heidelberg 1924, S. 17.

von Tyana), der zwar nicht in den Himmel entrückt wird, sondern in eine verborgene unterirdische Kammer gerät, auch diese ein Ort der Einweihung. Und dort begegnet er einem Greis, der sich als Verwahrer uralten Wissens zeigt; eindeutig ist Hermes Trismegistos gemeint. Diesen Bericht möchte ich hier ungekürzt zitieren:

„Nun befand sich in meiner Heimat ein Standbild aus Stein auf einer Säule aus Gold, auf der geschrieben stand: – Siehe, ich bin Hermes, der Dreifache an Weisheit, ich habe dieses Wunderzeichen offenkundig vor aller Augen hingestellt, aber dann durch meine Weisheit verhüllt, damit Niemand dazu gelangt als ein Weiser gleich mir. – Auf der Brustseite des Standbildes aber war in der Ursprache geschrieben: – Wer die Geheimnisse der Schöpfung und die Darstellung der Natur kennen lernen will, der sehe unter meinen Fuß. – Aber die Leute verstanden nicht, was er damit sagte und pflegten unter seinen Fuß zu schauen, sahen aber nichts. Damals war ich noch schwach wegen meiner Jugend. Als ich aber meine Natur gekräftigt hatte, las ich, was auf der Brustseite der Bildsäule geschrieben war, dachte über das nach, was es besagte, und grub unter der Säule nach. Und siehe da, ich gelangte in eine unterirdische Kammer, gefüllt mit Finsternis (...). Da erwachte ich voller Freude, stellte ein Licht in ein Gefäß, wie mich mein Geistwesen geheißen hatte, und trat dann in die Kammer. Siehe, da fand ich einen Greis, der auf einem Thron aus Gold saß und in seiner Hand eine Tafel aus grünem Smaragd hielt, worauf geschrieben stand: ‚Dies ist die Beschreibung der Natur'. Und vor ihm war ein Buch, darauf war geschrieben: 'Dies ist das Geheimnis der Schöpfung und das Wissen von den Ursachen der Dinge'. Da nahm ich das Buch in aller Ruhe weg und verließ die Kammer."[16]

Alles Magische, Okkulte, was im Mittelalter umläuft, stammt mehr oder minder aus arabischen Quellen. Bekannt ist das Zauberbuch *Picatrix*, das gleich fünf Personen namens Hermes kennt; im Übrigen ist Picatrix der lateinische Name des um 1055 verfassten Buches *Ġāyat al-ḥakīm wa aḥaqq al-natīğa-tain bi-'l-taqdīm* („Das Ziel des Weisen und die des Vorrangs würdigere der beiden Künste"), einer arabischen Kompilation von Texten zum Thema der Magie, Astrologie und Talismankunde. Der Text entstand im maurischen Spanien und wurde 1256 im Auftrag von Alfons dem Weisen ins Spanische übersetzt. Er beeinflusste bedeutende Vertreter der westlichen Esoterik wie Trithemius und Agrippa von Nettesheim.

Das Buch der 24 Philosophen

Ein ähnliches arabisches Weisheitsbuch ist das *Buch der 24 Philosophen* (*Liber XXIV philosophorum*), das deutlich neuplatonischen und hermetischen Geist atmet. Der Inhalt des Buches: 24 Philosophen treffen sich, und jeder soll eine Definiti-

---

[16] Zt. nach B. Kircher / L. Levine, Das Buch der Magier und Zauberer, Köln 2008, S. 27-28.

on von Gott beibringen. Die 24 Definitionen sind mystische Kernsätze, deren Sinn sich nur im Zustand der tiefsten Meditation erschließt:

- Gott ist die Monade, die eine Monade erzeugt und sie als einen einzigen Gluthauch auf sich zurückbeugt.
- Gott ist die unendliche Kugel, deren Mittelpunkt überall und deren Umfang nirgend ist.
- Gott ist ganz in allem, was in ihm ist.
- Gott ist Geist, der ein Wort erzeugt und dabei Verbindung wahrt.
- Gott ist das, worüber hinaus ein Besseres nicht gedacht werden kann.
- Gott ist das, für das jedes Wesen nur eine Eigenschaft und jede Eigenschaft nichts ist.
- Gott ist Grund ohne Grund, Prozess ohne Veränderung, Ziel ohne Ziel.
- Gott ist die Liebe, die sich desto mehr verbirgt, je mehr wir sie haben.
- Gott ist das, dem allein alles gegenwärtig ist, was der Zeit gehört.
- Gott ist das, dessen Können nicht gezählt, dessen Sein nicht eingeschlossen, dessen Gutsein nicht begrenzt wird.
- Gott ist jenseits des Seins, ist notwendig und genügt allein im Überfluss selbst.
- Gott ist das, dessen Willen seiner gottschaffenden Macht seiner Gottheit gleichkommt.
- Gott ist Ewigkeit, die in sich tätig ist, ohne sich dabei aufzuteilen oder eine Eigenschaft zu gewinnen.

- Gott ist der Gegensatz zum Nichts vermittels des Seins.
- Gott ist das Leben, dessen Weg zur Gestalt die Wahrheit und dessen Weg zur Einheit das Gutsein ist.
- Gott ist das einzige Wesen, das seines Vorrangs wegen Wörter nicht bezeichnen und das auch Geistwesen der Unähnlichkeit wegen nicht erkennen.
- Gott, das ist der Begriff nur von sich selbst, der kein Prädikat duldet.
- Gott ist die Kugel, die so viele Punkte wie Umfänge hat.
- Gott, das ist das unbewegt Immerbewegende.
- Gott ist das einzige Wesen, das von seiner Selbsterkenntnis lebt.
- Gott ist die Finsternis in der Seele, die zurückbleibt nach allem Licht.
- Gott ist das, aus dem alles ist, ohne dass er aufgeteilt würde, durch den es ist, ohne dass er sich verändern würde, in dem es ist, ohne dass er sich mit ihm vermischen würde.
- Gott ist das, was der Geist nur im Nichtwissen weiß.
- Gott ist das Licht, das nicht gebrochen als Lichtglanz erscheint. Es dringt durch. Aber in den Dingen ist es nur Gottförmigkeit.[17]

---

[17] Textausgabe: Kurt Flasch, Was ist Gott? Das Buch der 24 Philosophen, München 2011.

An die menschliche Seele

Die einzige nicht-islāmische arabische Handschrift der Leipziger Rats- und Stadtbibliothek enthält im zweiten Teil ein in der Grundtendenz stark asketisches Sendschreiben des Hermes *An die menschliche Seele*, das schon 1736 die Aufmerksamkeit Reiskes fesselte und 1870 von Heinrich Leberecht Fleischer in deutscher Übertragung herausgegeben wurde.[18] Aus dem Vorwort dieser Schrift möchte ich den Herausgeber und Übersetzer wie folgt zitieren:

„Dass Hermes Trismegistus nichtsdestoweniger eine Maske und die Schrift eine untergeschobene ist, braucht jetzt, hundert Jahre später, wohl nicht ausdrücklich bemerkt zu werden. Mit dieser negativen Bestimmung ist freilich die Frage nach dem wahren Verfasser nicht beantwortet. Der Inhalt spricht für einen mit Gnostizismus, Neuplatonismus, Manichäismus, oder überhaupt orientalischer Theosophie vertrauten Christen; Stil und Sprache bestätigen dies und deuten außerdem auf Ägypten hin. Ein Nebenbeweis für den christlichen Ursprung des Buches liegt darin, dass unsere Abschrift zufolge der Eingangsformel: ‚Im Namen des Vaters' u.s.w. offenbar von einem Christen herrührt, demselben, welcher die im ersten Teile der Handschrift stehenden Bemerkungen zu einzelnen Stellen der arabischen Psalmenübersetzung des Ibn-el-Fadhl geschrieben

---

[18] An die menschliche Seele. Arabisch und Deutsch. Herausgegeben von Prof. Dr. H.-L. Fleischer, Leipzig 1870.

hat, die, voll christlicher Typik, entschieden einen Christen zum Verfasser haben."[19] Das hermetische *Sendschreiben an die menschliche Seele* möchte ich hier nun in der Übersetzung von Heinrich Leberecht Fleischer ungekürzt und unverändert folgen lassen; nur die Rechtschreibung wurde von mir modernisiert.

---

[19] Ebenda, S. VII (Vorwort).

Gliederung des Inhalts

Erster Abschnitt

Anweisung zur geistigen Verarbeitung dieser Schrift mit Hilfe der sinnlichen Abbilder der Ideen. Das Urwesen Gott. Die Seele von ihm geschaffen. Ihre Vorstellungen teils auf das Sinnliche, teils auf die Ideen, ihr Erkennen und Wissen teils auf das Höhere, der Dinge Grund und Wesen, teils auf das Niedere, deren Eigenschaften, gerichtet. Stufenleiter des Weltalls: 1. die fünf Grundstoffe: a) die vier Elemente, Erde, Wasser, Luft, Feuer, b) der Sphärenhimmel; 2. die Substanz der Seele ; 3. die Vernunft.

Zweiter Abschnitt

Unbeständigkeit dieser Welt. Dagegen zu beweisender Gleichmut. Zweck des Herabkommens der Seele aus der höheren in diese Welt. — Wer diesen Zweck verfehlt. Art und Weise ihn zu erreichen. Die drei Gattungen seelenverderblicher Dinge mit ihrem gemeinschaftlichen Grunde und ihren Gegenteilen. — Allmähliche körperliche und geistige Vervollkommnung des Menschen zur Erreichung der gesamten Zwecke seiner Natur. — Die Sprache Gottes in der Welt und ihr Verständniss.

Dritter Abschnitt

Die der Seele feindlichen Akzidenzen der Materie und die mit dem Streben danach zusammenhängenden fehlerhaften Gemütszustände. — Verbindung der Seele mit Gott und Erhaltung dieser

Verbindung zum Zwecke der Rückkehr zu ihm. — Selbstentscheidung der Seele für eine der beiden Welten. — Weltliebe und Welthass mit ihren Folgen. Übermässige Vorsicht gegen Berührung der Seele mit der Welt. Die reinen Wesen und ihr Gegenteil. Partielles und universelles Verfahren. Anschluss der edlen Seele an Edles und dadurch Annäherung an das Edelste, Gott. — Stetigkeit und Ruhe für die Seele erst in jener Welt zu finden.

Vierter Abschnitt

Vorwegnahme des Bösen in dieser Welt vor dem Guten in ihr. Das unvermischte Gute nur in jener Welt zu suchen. — Vergänglichkeit des Körpers und Notwendigkeit eines geistigen Anhaltes im Tode. — Trübung der Vernunft durch die Sinnlichkeit und Folgen davon. — Gründe und Beschaffenheit der wahren Abneigung gegen die Welt und des Verlangens nach dem Tode. — Die vier seelenverderblichen Dinge und ihre Gegenteile. — Die Stufenfolge der drei menschlichen Wertklassen. Erhellung der Seele durch die Vernunft und Verfinsterung derselben durch die Materie.

Fünfter Abschnitt

Die wahre Lebenstätigkeit der Vernunft. — Das Hinstreben der vernünftigen Seele nach ihrem Grundstoffe und Ursitze, entsprechend demselben Streben der vernunftlosen Substanzen. Die drei angenehmsten Dinge und ihre Gründe. — Weiber und berauschende Getränke als seelenverderblich zu meiden. — Der Körper als Ursache der Unklarheit und Unsicherheit der irdischen Erkenntnis. Die Schlechtigkeit und Unzuverlässigkeit aller irdischen Freunde.

Sechster Abschnitt

Die irdischen Freunde alle einer Art. — Unverträglichkeit der Seele mit dem Irdischen. — Zeit und Kräfte weder auf weltliche Güter und Genüße, noch auf die Interessen Anderer, sondern nur auf Sicherung des eigenen Heils zu verwenden. Bedingungen desselben: Richtung des Erkenntnisvermögens und Willens auf das Geistige, Kenntnis des Heilsweges und beständiges Festhalten derselben, Benutzung des Unterrichts der Vorangeschrittenen, Reinheit und Schnellkraft der Seele, zweckmässige Anwendung der körperlichen Organe, Streben nach theoretischer und praktischer Vollkommenheit.

Hermes Trismegistos
An die menschliche Seele

*Im Namen des Vaters, des Sohnes
und des heiligen Geistes.*

Mit Hilfe Gottes des Hochpreislichen fangen wir an, die Epistel des dreimal weisen Hermes zu schreiben, worin er der Seele ihre Fehler vorhält, sie von den niederen Dingen abzieht und zum Streben nach den ihr angemessenen und gleichartigen höheren Dingen anhält, von dem, was sie schädigt und hemmt, abzulassen nötigt und zu dem, was ihr rechtes Verhalten und Wohlsein begründet, antreibt, wobei er für diese seine Darlegung deutliche Beweise und Vernunftschlüsse aufstellt und sich nicht auf bloße Erklärung des Geheimnisses der Idee beschränkt, sondern dasselbe für Jedermann vollständig aufdeckt, ohne es auf breiten Redeschwall oder gezierte Ausdrucksweise anzulegen, sondern mit Worten, die vor der Vernunft und dem denkenden Geiste bestehen und denen jeder Mensch von gesundem Verstande beipflichten kann; da solche Darlegung ein Mittel ist, die Seele zurückzuhalten, dass sie nicht in das Getümmel der vergänglichen Welt herabsinke und sich in betrüglichen Fallstricken derselben verfange, dagegen sie zur Übung des Guten anzuleiten und zum Fleiße darin und zu dem anzutreiben, was sie ihrem Schöpfer immer näher und mit ihm in engere Verbindung bringt und ihren Dank für seine unwandelbare, unaufhörlich wirkende Huld betätigt. Möge Gott den Leser dieser Schrift daraus Nutzen ziehen lassen, demselben den Geist des Gehorsams gegen Ihn einflößen und zur Erlangung Seines Wohlgefallens verhelfen, nach Seiner Wohltätigkeit und im Verborgenen wirkenden Güte. Ihm werde dargebracht oft erneuter, beständiger Dank! Amen.

Im Namen des schaffenden, lebenden und redenden Gottes

Anfang des Sendschreibens

Erster Abschnitt

Bilde dir, o Seele, von den ewig daseienden Vernunftideen, welche ich dir vortragen werde, Vorstellungen und Anschauungen; denn wenn du dir von etwas eine Vorstellung bildest, so begreifst du es dadurch auch, überzeugst dich davon und eignest es dir an; wie du z. B. davon überzeugt bist, dass lebendes Wesen Gattungsbegriff von der Art Mensch, atmendes Wesen Gattungsbegriff von der Art lebendes Wesen, Körper Gattungsbegriff von der Art atmendes Wesen, äußerste Substanz Gattungsbegriff von der Art Körper ist; wie du ferner davon überzeugt bist, dass das Gerade etwas anderes ist als das Krumme, dass das Ganze größer ist als der Teil, dass das Wasser gegen den Durst hilft, indem es ihn löscht, und dass es von Natur kalt und feucht ist; und so von allen anderen Dingen, die du in der Welt der Vernunft begriffen und in der Welt der Sinne unmittelbar wahrgenommen, dich gleichsam unmittelbar mit ihnen besprochen hast. Bleibt dir aber, o Seele, in dem was ich dir auseinandersetzen werde, etwas dunkel, so nimm zu dessen Aufhellung tüchtige, echte, von Verworrenheit und Unbeständigkeit freie geistige Beharrlichkeit zu Hilfe. Dann wird dich das von dir unmittelbar wahrgenommene Äußere zur Erkenntnis des dir verborgenen Inneren hinleiten; so wie der, welcher ein auf eine Wand gemaltes Bild ansieht, auf das Dasein des Malers dieses Bildes, und von dem seinem Auge entgegentretenden Erzeugnisse der Handbewegungen des Malers auf die geheimen Zwecke der Linienführung darin und auf die seinen Gedanken und seiner Seele inwohnenden Ideen schließt. Überhaupt, o Seele, lassen sich ja die Urheber aller existierenden Werke und Erscheinungen, wenn sie nicht unmittelbar ge-genwärtig sind, auf Grund der letztern mittelbar zur Anschauung bringen; und dasselbe ist möglich in Bezug auf den Urheber (des Alls) bei Betrachtung und Bewunderung der nach unabänderlicher Bestimmung in die Erscheinungswelt eintretenden Dinge, nämlich derjenigen von ihnen, welche bereits zur Erscheinung gekommen sind, nicht aber durch Aufstellung bloßer sinnbildlicher Allgemeinheiten über geheime und nicht geheime Dinge. Von allem geistig und sinnlich Existierenden also bilde dir, o Seele, Vorstellungen und Anschauungen.

Wisse aber, dass das wahrhaft wesentliche, ursprüngliche, vollkommene, dem Licht entsprechende Seiende (τὸ ὄν) das ist, was die Erkenntnis der geheimnissvollen Gründe und Zwecke der Dinge, der höheren Unterscheidungen zwischen ihnen, des ewigen Lebens und überhaupt aller Dinge verleiht, die im Verhältniss zu ihm particular, aber nicht Teile von ihm sind, wie es selbst im Verhältnis zu diesen Dingen universell, aber nicht eine Gesamtheit von ihnen ist. Dies also betrachte, o Seele, und habe wohl Acht; hüte dich vor Nachlässigkeit, Trägheit, suche dich vom Schmutze der Natur zu reinigen, und zu diesem Ende demütige dich und verlange nach dem, welcher die Quelle und der Hervorbringer des Guten, der Urgrund und Urheber der Vernunft, der Verleiher des Lebens und der Weisheit, die höchste Güte und Barmherzigkeit selbst ist. Dadurch wirst du, o Seele, leben und glücklich werden.

Der Urheber, Schöpfer und Hervorbringer aller Dinge — der über Alles hehr und dessen Namen heilig sind! — hat auch dich, o

Seele, aus Nichts geschaffen und dir die Fähigkeit verliehen, unmittelbare und mittelbare Vorstellungen zu bilden. Die unmittelbare Vorstellung besteht darin, dass du jedes Ding dir so vorstellst wie es sein Schöpfer wirklich geschaffen hat; die mittelbare Vorstellung aber besteht darin, dass du das der Welt der Vernunft Angehörende, dessen Idee dir verborgen ist, dir vermittelst dessen vorstellst, was du in der Welt der Sinnlichkeit unmittelbar wahrgenommen hast, Sinnbild für Sinnbild, Idee für Idee, wie dir ein in Wachs abgedrucktes Abbild von seinem Urbilde im Stempel, und wie wiederum das in dem Stempel dargestellte Bild von seiner Uridee in der Seele seines Darstellers und Bildners eine Vorstellung gibt; wie ferner das Wasser die Grundzüge seiner Bewegungen und Strömungen dem Sande und Schlamme eindrückt.

Lass dich also, o Seele, durch mich von der Wirklichkeit dessen, was ich dir hier vorgetragen habe, überzeugen und erkenne, dass alle Formen und Bildungen, welche du in der Welt des Entstehens und Vergehens unmittelbar anschaust, sinnliche Darstellungen und Nachbildungen von Ideen sind, die in Wirklichkeit unwandelbar und unvergänglich in der Welt der Vernunft existieren. Die Vernunft bildet zuerst sich selbst rein für sich selbst in der Materie ab, dann schaut sie durch sich selbst ihre eigenen Ideen und deren Abbilder an und empfindet darüber ein aus Wohlgefallen an sich selbst entspringendes Vergnügen; denn das vernünftige (geistige) Vergnügen ist dasjenige, welches die Vernunft aus sich selbst schöpft und über sich selbst, nicht über etwas außer ihr noch etwas zu außer ihr Seiendem Gehöriges, sondern nur aus sich selbst für sich selbst empfindet. Das ist das wahre, stetige und ewige Vergnügen.

Erwirb dir, o Seele, die Erkenntnis der Dinge, ihrer Wirklichkeit und ihrer Quiditäten; vernachlässige aber auch nicht (ganz) die Erkenntnis ihrer Quantitäten und Qualitäten. Denn die beiden ersten Forschungsgegenstände sind einfach und urewig, und es gibt zwischen der Seele und ihnen kein Mittelding (d. h. die Seele erkennt sie nicht durch Vermittlung der Sinne, sondern rein durch sich selbst), die beiden letzten aber sind zusammengesetzt, räumlich und zeitlich. Wisse aber, o Seele, dass die Erkenntnis des Zusammengesetzten, als etwas in dein Wesen eingeführtes Stoffloses, auch dann, wenn du die Sinnenwelt verlassen wirst, unzertrennlich mit dir verbunden bleiben wird. Betreibe daher (vorzugsweise) das Erkennen des Einfachen und lass (d.h. betreibe minder angelegentlich) das Erkennen des Zusammengesetzten.

O Seele, der Grundstoff der Erde ist das schwerste aller Dinge, und zwar deswegen, weil er sich unter die anderen Dinge zu Boden gesetzt, diese aber sich auf und über ihn gelagert haben. Daher ist dieser Grundstoff im äußersten Grade dicht, grob, starr, zusammengepresst, licht- und leblos. Auf diesen Grundstoff folgt dann in der Stufenreihe der Dinge der Grundstoff des Wassers; derselbe ist feiner als die Erde, reiner, edler, lichter und dem Leben näher stehend. Auf den Grundstoff des Wassers folgt dann der Grundstoff der Luft und weiter der Grundstoff des Feuers, welches das feinste, edelste und lichteste der vier Elemente ist. Auf den Grundstoff des Feuers folgt noch weiter der Grundstoff des Sphärenhimmels, welcher die reinsten Teile alles unter ihm Liegenden in sich vereinigt und ganz besonders und über alle andern Grundstoffe hinaus edel ist wegen seiner Feinheit, seiner Durchsichtigkeit, seiner Lichtstärke, der Schönheit seiner Einrichtung und stufenförmigen Anordnung, wegen seiner Annäherung an das Leben und seines nachbarlichen Verhältnisses zu den edlen vernunftbegabten Dingen, weil er ferner die ausgezeichnetste, vollkommenste und regelmässigste, nämlich die kugelrunde

Gestalt besitzt und Alles was er enthält ebenso gestaltet ist, eine Kugel der Reihe nach unter der anderen bis herab zur Erdkugel. Das noch weiter hinaus auf den Grundstoff des Sphärenhimmels, der äußersten Grenzmark aller Grundstoffe, Folgende ist die Substanz der Seele, welche den Sphären die geordnete Bewegung und die verschiedenen Arten und Grade reinen, edlen Lichtes verleiht und feiner ist als alle andern Dinge, welche sie umschließt.

Denn alle anderen von ihr umschlossenen Dinge sind Körper, sie selbst aber ist durchaus unkörperlich; ferner haben alle andern Dinge außer ihr kein Leben als nur durch sie, die Denk-, Willens- und Unterscheidungskraft besitzt; daher entwickelt sie auch in jedem Dinge, mit dem sie sich verbindet, soweit es dafür wirklich empfänglich ist, die Grundfähigkeiten seines eigenen Wesens, wodurch es lebend wird; womit sie sich aber nicht verbindet, das hat weder Denk-, noch Willens-, noch Bewegungs-, noch Unterscheidungskraft; was aber diese Dinge entbehrt, das ist unzweifelhaft leblos. Das endlich auf die Substanz der Seele Folgende und sie Umschließende ist die Vernunft. Sie ist in Wahrheit das edelste, feinste und den höchsten Rang einnehmende aller seienden Dinge; sie ist das nur dem urewigen Allumschließer, dem unendlich Vollkommenen und über Alles Erhabenen Untergeordnete, unmittelbar von ihm Mitteilungen Empfangende und allem tiefer Stehenden Adel, Licht und Leben Verleihende, der höchste Dolmetscher und nächststehende Kämmerer (des Ewigen). Betrachte also, o Seele, diese Stufenfolge, überzeuge dich davon und glaube fest daran; denn so ist die Anordnung, Einrichtung und Stufenfolge der seienden Dinge beschaffen.

ZWEITER ABSCHNITT

Tadle nicht die Welt, o Seele, und sage, sie sei eine Stätte des Betruges, der Hinterlist und der Täuschung; denn das ist sie nur in den Augen der Leute mit unausgebildeter Vernunft und derer, welche in Torheit und Vergesslichkeit verfallen. Wäre sie wirklich voll Betrug, so würde der Mensch von seinem ersten Auftreten in ihr bis zur Zeit seines Austrittes aus ihr nur Wohlleben, Genüsse und Freuden von ihr empfangen, dann aber würde plötzlich Trübsal über ihn kommen und ihn dieses Wohllebens berauben, und der Umschlag seines bisherigen Zustandes in das Gegenteil würde ihn selbst in eine ganz andere Lage versetzen. So aber ist der Lauf der Dinge in ihr nicht, sondern man sieht viel mehr den Menschen in dieser Welt in verschiedenen, regellos miteinander abwechselnden Zuständen heranwachsen, so dass er einen Tag traurig, den anderen fröhlich ist, einen Tag Vergnügen genießt, den anderen innere und äußere Schmerzen leidet. Wenn dir aber Etwas alles, was in seiner Natur liegt, offen darlegt, so handelt es, indem es dies tut, redlich und treulich mit dir; zu betrügen sucht nur der, in dessen Natur das Gute mit dem Bösen verbunden ist, der dir aber nur das Gute zeigt und das Böse in Untätigkeit erhält bis zu der Zeit, wo er eine passende Gelegenheit findet und dir etwas anhaben kann. Nun sehe ich, dass Niemand von dieser Welt jemals einen gelegentlichen Gewinn oder Freudengenuss zugeteilt erhielt, ohne dass dies Angst und Schmerz für ihn in seinem Gefolge gehabt hätte. Dies aber ist nicht die Bedingung für die Annahme, das Betrügenwollen gehe von der Welt aus, sondern von Seiten des Menschen selbst geht es aus (und richtet sich gegen ihn selbst). Der kurzsichtige Mensch ist es, der sich wie absichtlich selbst betrügt und zu Grunde richtet, nicht die Welt; denn diese hat ihm ja alles, was in ihrer Natur liegt, Wohl und Weh, offen dargelegt; darauf aber hat der unverständige Mensch sich in dem von ihr geschenkten Wohlleben glücklich gefühlt und fest an dessen Beständigkeit geglaubt, dagegen das von ihr zu erwartende Weh vergessen und sich aus dem Sinne geschlagen. Und doch spricht er dann, die Welt habe ihn betrogen; aber in welcher Weise hätte sie dies denn getan? Wer ihn betrogen und zu Grunde gerichtet hat, das ist allein er selbst. Sei, o Seele, hinsichtlich deiner Handlungsweise in dieser Welt doch ja nicht wie ein unverständiges Knäblein, das, wenn man ihm zu essen gibt und gelind mit ihm verfährt, zufrieden ist und freundlich lacht, wenn man es aber streng behandelt, weint und böse wird, ja, während es noch lacht, schon wieder zu weinen, und während es noch zufrieden ist, schon wieder böse zu werden an fängt. Dies ist keine beifallswürdige, sondern vielmehr eine zwitterhafte, tadelnswerte Handlungsweise. Die Welt, o Seele, ist so eingerichtet, dass sie eben diese Gegensätze: Gutes und Böses, Wohl und Weh, Notstand und Wohlstand, in sich vereinigt und Sinnbilder von Ideen enthält, die dahin wirken, die Seele zu wecken und auf sich selbst aufmerksam zu machen, damit sie in Folge davon lichtspendende Vernunft und vollkommenes Wissen, d. h. Weisheit und Kenntniss des wahren Wesens der Dinge erwerbe. Nur dazu ist die Seele in die Welt herabgekommen, dass sie lerne und erfahre; sie gleicht aber einem Menschen, der an irgend einen Ort kommt, um denselben kennen zu lernen und dessen Zustand in Erfahrung zu bringen, dann aber das Lernen, Forschen und Einsammeln von Erfahrungen aufgibt und seinen Geist durch das Haschen nach Wohlleben und Genüssen von andern Dingen abzieht, dadurch aber die Erlangung dessen, wonach er streben sollte, selbst vereitelt und das Ziel, auf das er es abgesehen hatte, vergisst. Dies habe ich dir, o Seele, deswegen auseinandergesetzt, damit du dich nicht auf den Standpunkt derjenigen stellest, welche die Welt tadeln, wenn sie mit ihr unzufrieden, aber sie loben, wenn sie mit ihr zufrieden sind; wiewohl sie weder eigentlich Tadelnde noch eigentlich Lobende, sondern in der Irre Herumschweifende sind, welche die Erlangung des von ihnen zu Erstrebenden selbst vereitelt und ihren Zweck vergessen haben, und bei denen die Anwendung der (körperlichen) Organe nutzlos und verfehlt geblieben ist, indem sie sich weder ein festes Wissen angeeignet noch ein (anderes) geistiges Besitztum erworben haben.

Diese Welt, o Seele, ist für die Betrachtenden eine Stätte des Erkennens, Forschens und Einsammelns von Erfahrungen. Betrachte also alle in ihr enthaltenen Ideen und sinnlichen, in beständigem Flusse begriffenen, individuell vergänglichen Ideenformen, Gemächte und Bildungen, und wisse, dass dies alles nur Sinnbilder der wesenhaften Formen und der übersinnlichen ewigen Bildungen sind. Es gibt, o Seele, in der Welt der Vernunft überhaupt keine Art von Dingen, deren (sinnliches) Abbild nicht im Laufe der Natur zum Vorschein käme, und ebenso sind alle in der Welt des Entstehens (und Vergehens) existierenden Dinge nur Antriebe zu Höherem und Sinnbilder von Ideen; somit weisen ihre trügerischen, vergänglichen Genüsse auf die wahren, unvergänglichen, ihre der Auflösung und Vernichtung unterliegenden Formen auf die beständigen, unwandelbaren, endlich die Nichtübereinstimmung und Vergänglichkeit alles der Sinnenwelt Angehörenden auf die Übereinstimmung, Beständigkeit und Unwandelbarkeit alles der Welt der Vernunft Angehörenden hin.

So lange du also, o Seele, in der Welt der Natur bist, suche kein sich auf irgend etwas Sinnliches gründendes Vergnügen, welches von etwas anderem aus geht als vom Erkennen, Vorstellen, Anschauen, Erforschen und Streben nach klarer Einsicht in alle die Dinge, auf welche, als deine Bestrebungsgegenstände und Zielpunkte, du dein Augenmerk gerichtet hast, damit du Genüge finden lernest an der ausschließlichen Beschränkung auf die Erwerbung des rechten Wissens.

Wenn du dich dann aber, o Seele, nach den unvergänglichen Genüssen und Freuden sehnst, so lege dein schmutziges Kleid ab, entledige dich der Sündenlast deines Leibes und reinige dich von den deiner Substanz widersprechenden Dingen; dann wende dich hin nach der Welt der übersinnlichen Genüsse und der unvergänglichen Freude, lege die deinem Wesen entsprechenden Gewänder an und bekleide dich mit den deiner Substanz angemessenen, unvergänglichen, unwandelbaren Formen, deren Ab- und Sinnbilder und verschiedene Arten du unmittelbar anschautest, während du in der Welt des Entstehens und Vergehens warst.

Überzeuge dich nun, o Seele, von der Wahrheit alles dessen, was ich dir bisher auseinandergesetzt habe, begreife es vollkommen und wisse dann, o Seele, dass die seelenverderbenden Dinge in drei Gattungen zerfallen: 1) die Vielgötterei mit allen ihren Arten, 2) die Genusssucht mit allen ihren Arten, 3) die Ungerechtigkeit, ebenfalls mit allen ihren Arten. Alle diese drei Gattungen insgesammt aber haben eine Wurzel, nämlich die Liebe zur Welt. Hüte dich also, o Seele, vor der Welt, wende dich ab von ihr, und blicke auf sie hin wie auf etwas, das du zu scheuen und zu fürchten hast, gleich jenem Vogel, der, da er den aufgestellten Fallstrick erkannte und wahrnahm, sich vor ihm zurückzog und in Acht nahm.

Wisse ferner, o Seele, dass die Vermeidung aller Arten der Vielgötterei dich zur Vollkommenheitsstufe der Verehrung des einen wahren Gottes und die Vermeidung aller Arten der Ungerechtigkeit zur Vollkommenheitsstufe des Lichtes und der Reinheit hinführen, endlich die Vermeidung der Genusssucht dich von dem mit Furcht, Betrübnis, Torheit und Bedürftigkeit verbundenen Ungemach erlösen wird.

Verlass dich nun also, o Seele, auf die Wirklichkeit dieser Ideen, überzeuge dich davon und handle danach: So wirst du leben und vor dem Verderben gesichert sein.

Betrachte, o Seele, die Weisheit des Urhebers der dir vor Augen stehenden Dinge, nimm dir dieselbe zum Beispiel und wisse: der Mensch ist nicht zur Erreichung irgendeines einzelnen Zweckes, sondern zur Erreichung aller geschaffen. Wie nun aber die Weintraube anfänglich noch zu nichts von dem, was ihre Bestimmung bildet, tauglich ist, wie dann der sie bis zum Entwicklungsgrade der Süßsäuerlichkeit bringende Stoff in sie eintritt, worauf sie zur Erfüllung eines Teiles, aber noch nicht der Gesamtheit ihrer

Bestimmung tauglich wird, wie endlich der sie bis zum Grade der Vollkommenheit in Beziehung auf alle Zwecke, zu deren Erreichung sie bestimmt ist, bringende Stoff in sie eintritt, worauf sie selbst vollkommen wird: so ist auch der *sinnlich wahrnehmbare Mensch* anfänglich, wenn er in seine Welt eintritt, zur Erreichung keines der Zwecke, die seine Bestimmung bilden, tauglich; dann tritt in ihn der Stoff ein, welcher ihn bis zu demjenigen Bildungsziele bringt, durch das er tauglich wird, Antrieb und Anweisung zum Handeln zu empfangen, aber noch ohne eigene Einsicht; endlich, wenn er sich auf dieser Stufe gehörig geübt hat, tritt in ihn der höchste vollkommene Stoff ein und macht ihn zu einem eigene Einsicht habenden und danach handelnden Wesen, wodurch er dann vollkommen wird. Ebenso ist der *geistige Mensch* (anfangs) nichts als die in das Zeugungsglied eintretende, durch den Samen in die Gebärmutter gelangende Kraft; dann tritt die möglicherweise durch Vermittlung der göttlichen (d. h. der Himmels-) Körper bildende Kraft hinzu, und nun, zu einem Embryo geworden, wird er zu einem Wesen mit potentiellem Abwehrungs- und Begehrungsvermögen verdichtet; endlich tritt die dritte, vollkommene und vervollkommnende Kraft hinzu, d. h. tatsächliche Vernunft, die ihn bis zum Grade der Vollkommenheit bringt, und dann hat er tatsächlich den Gebrauch aller seiner Mittel (zur Erreichung seiner Bestimmung); nachdem dies anfangs weder tatsächlich noch potentiell der Fall war, ist er nun zur Stufe der Vernünftigkeit und Vollkommenheit fortgeschritten und ist so mit ein vernünftiges vollkommenes Wesen geworden, welches Vorstellungen und Anschauungen sowohl in Anderen als in sich selbst hervorbringt.

Wisse, o Seele, dass die Betrachtung dieser Ideen zur Erkenntnis der tiefen Weisheit des Urhebers der Welt — heilig sind seine Namen! — hinleitet.

Der Urheber (der Welt) — hehr ist sein Name! hehr ist sein Name! — ist, o Seele, gleichsam der Redende, der die ihm innewohnenden Ideen ausströmen lässt, während alle vernunftbegabten Wesen ihm zuhören; aber nicht alle Zuhörenden verstehen den Sprechenden unmittelbar, sondern einige von ihnen bedürfen eines Dolmetschers, der ihnen das Verständnis beibringt, und eines Vermittlers, der als solcher zwischen dem Redenden und dem Hörenden eintritt, und zwar deswegen, weil der Hörende selbst zum Verstehen zu schwach ist. Ein Solcher aber gleicht dem einer Sprache Unkundigen, der das ihm zu wissen Nötige nur durch den ihm den wahren Sinn des Gesagten erklärenden Dolmetscher versteht. Sei also, o Seele, nicht eins der Wesen, die solcher Vermittler bedürfen; denn der Dolmetscher ist in der Deutung der gesprochenen Worte manchmal untreu, verändert und verdreht das Gesagte. Darum erhebe dich, o Seele, von jener Stufe der Sprachunkenntnis zur Stufe der Sprachfertigkeit und erwirb dir, o Seele, das Wissen vor dem Handeln und die Kenntnis der Frucht vor dem Pflanzen des Baumes, damit du durch das Gesagte (d. h. durch jene richtig verstandene Sprache Gottes) vor dem Handeln die Festigkeit im Wissen erlangest. Das verschafft dir Ehre, hohe Befriedigung und herrlichen Gewinn.

DRITTER ABSCHNITT

Die den materiellen Substanzen inwohnenden Akzidenzen haben nie miteinander übereingestimmt, sondern sind von jeher in Gegensatz zu und in Widerstreit miteinander gewesen. Hüte dich also, o Seele, vor ihnen und wende dich von ihnen ab. Sie sind das immaterielle Ding, vor dem du hiermit gewarnt, und das zu fürchtende Etwas, auf dessen Gefährlichkeit du hiermit aufmerksam gemacht wirst. Du, o Seele, bist einzigartig, sie aber sind vielfältig; du bist mit dir selbst in Uebereinstimmung, sie aber sind miteinander in Widerstreit; du gibst dich wie du bist, sie aber sind eitel Flitter und Gaukelschein, ein vergängliches wechselvolles Ding. Darum, o Seele, wende dich ab von ihnen und hüte dich, von ihnen zur Sklavin gemacht, an der Erreichung deines Zieles gehindert und vielfach geschädigt zu werden. So tritt also, o Seele, nicht aus deiner einzigartigen, übersinnlichen, edlen Wesenheit heraus, um dem vielfältigen, widerspruchsvollen, verkehrten, niedrigen und trügerischen Wesen jener zu folgen, dadurch irre zu gehen und endlich in's Verderben zu geraten. Wie lange, o Seele, willst du noch bedürftig sein und von jedweder sinnlichen Empfindung zu ihrem Gegenteile, bald von der Wärme zur Kälte, bald von der Kälte zur Wärme, bald vom Hunger zur Sättigung, bald von der Sättigung zum Hunger fliehen? Und ebenso hinsichtlich aller Speisen und Gerüche: wird dir der Süssigkeit zu viel, so bedarfst du der Salzigkeit; wird dir der Salzigkeit zu viel, so bedarfst du der Säure; und ebenso verhältst du dich zu allem Riechbaren und überhaupt Allem, was du in der Welt der sinnlichen Wahrnehmung durch die Sinne empfindest. Während du nun der Gegenstände äußeren Erwerbes bedürftig bist, bekommst du, wenn du in deren Besitz gelangst, zugleich für so lange, als du sie behältst, die Furcht sie wieder zu verlieren mit in den Kauf; verlassen sie dich aber und hast du sie nicht mehr, so weicht zwar jene Furcht von dir, dafür aber hat der erlittene Verlust Betrübnis und Kummer für dich zur Folge. Tue also, o Seele, dieses (körperliche) Etwas von dir, mit dem vereinigt du jene Dinge wahrnimmst und durch das du jene krankhaften und schmerzlichen Affectionen empfindest. Bedaure aber nicht die Trennung von Betrübniss, Sorge, Furcht und Bedürftigkeit, und scheue nicht die Verbindung mit Selbstgenugsamkeit, Furchtlosigkeit und Fröhlichkeit; denn wer die Bedürftigkeit der Selbstgenugsamkeit, die Furcht der Furchtlosigkeit, die Niedrigkeit der Erhabenheit vorzieht, der ist töricht; wer aber töricht ist, der geht irre; wer aber irre geht, der gerät in's Verderben.

Überzeuge dich, o Seele, davon, dass du einem Wurzelstamme entsprossen und ein Zweig davon bist. Kommt nun aber der Zweig im Fortwachsen auch noch so weit von seinem Wurzelstamme ab, so besteht zwischen diesem und jenem doch ein Zusammenhang und eine Verbindung, und vermöge dieses Zusammenhanges und dieser Verbindung zieht jeder Zweig aus seinem Wurzelstamme Nahrung. So der Frucht-

baum: wächst er auch über seinen Wurzelstamm, der seinen Ausgangspunkt bildet,
weit hinaus, so besteht doch zwischen jenem
und diesem ein wesentlicher Zusammenhang, vermöge dessen jener aus diesem seine Nahrung zieht; verlöre der Baum diese
Verbindung dadurch, dass irgend etwas von
ihm Verschiedenes beide von einander
trennte, so würde dieser trennende Gegen-
stand, indem er den Zusammenhang zwischen dem Wurzelstamme und der Krone
aufhöbe, dieser notwendig den Nahrungs-
stoff entziehen, sie aber dadurch sofort ver-
kümmern und eingehen.

Fasse dies also, o Seele, wohl in's Auge,
überzeuge dich davon und erkenne, dass du
zu deinem Urheber, der dein Wurzelstamm
ist, zurückkehrst. Darum hüte dich vor dem
Schmutze deiner (körperlichen) Organe, welche dich aufhalten und an schneller Rückkehr zu deiner Welt und deinem Wurzelstamme hindern. Hier, o Seele, ist die *Welt
der Natur*, der Sitz der Bedürftigkeit, der
Furcht, der Niedrigkeit und der Betrübniss;
dort die *Welt der Vernunft*, der Sitz der
Selbstgenugsamkeit, der Furchtlosigkeit, der
Erhabenheit und der Fröhlichkeit. Du hast
sie beide geschaut, unmittelbar kennen gelernt und bewohnt: wähle nun also auf
Grund von Wissen und Erfahrung, ohne

Zurückweisung und Verweigerung befürchten zu müssen, in welcher von beiden du bleibend wohnen willst, und erkenne, dass der Mensch unmöglich zugleich bedürftig und selbstgenugsam, fürchtend und furchtlos, niedrig und erhaben, betrübt und fröhlich sein, also, wenn dem so ist, auch nicht die Liebe zu dieser mit der zu jener Welt vereinigen kann, sondern dass dies zur Klasse der durchaus unmöglichen Dinge gehört.

Wer, o Seele, seine Waffen wegwirft, sich der Gegenwehr begibt und dem Feinde überliefert, verfällt der Gefangenschaft; wer hingegen mit seinen Waffen kämpft, sich verteidigt und nicht ergibt, verfällt dem Tode. Jedwede Seele nun, die in die Welt der Natur herabkommt, muss notwendig auf Eins von diesen beiden eingehen: entweder sich töten, oder sich gefangen nehmen lassen. Wer das Letztere wählt, der wählt damit zugleich lange Pein, indem die Annahme davon zur Sklaverei führt; wer hingegen das Erstere wählt, der stirbt unerniedrigt, sein Tod ist Leben und er selbst befreit von Gefangenschaft und der damit verbundenen Demütigung und Erniedrigung.

Wenn du, o Seele, darauf ausgehst, gemeine und unwürdige Handlungen zu meiden, so fasse unmittelbar ihre Wurzel und Quelle in's Auge und halte dich fern von ihr, dies aber ist die *Liebe zur Welt*; und wenn du darauf ausgehst, edle und göttliche Handlungen zu üben, so fasse gleichfalls ihre Wurzel in's Auge, pflanze und pflege sie, — dies aber ist die *Abneigung gegen die Welt.* Und die Ausübung hiervon sei frei von Heuchelei, Schlaffheit, Gaukelschein und Zweiächselei.

Lass dich jedoch, o Seele, nicht von allzu großer und übermässiger Vorsicht zur Feigheit verleiten, wodurch die Tapferkeit und ihre Ehre dir verloren gehen, dagegen die Selbsterniedrigung und ihre Unehre dir zufallen würde. Wisse ferner, dass Alles, was nicht aus der Materie Nahrung zieht, reines Wesen ist, dass hingegen Alles, was nicht reines Wesen ist, der ihm Nahrung zuführenden Materie bedarf. Überzeuge dich also, o Seele, hiervon; denn darunter liegt für dich hohe Befriedigung und herrlicher Gewinn verborgen.

Halte dich, o Seele, soweit als möglich an das partielle Verfahren; wenn dich aber der Lauf der Dinge nach und nach zu dem universellen Verfahren hintreibt, so lass dir das gern gefallen, gib dich demselben vertrauensvoll hin und wisse, dass dir dadurch die beschwerliche Last der Sorge und Mühe abgenommen wird, wie einem Mann, der sich viel Mühe mit einer Lampe gab, um die finstere Nacht über an ihrem Licht zu sehen, als aber die Sonne aufging, der Lampe nicht mehr bedurfte und jener lästigen Mühwaltung überhoben war.

Nimm dir, o Seele, nicht das Unwürdige und Gemeine zum Beispiel; die Gewöhnung daran würde dir endlich als eine deiner eigenen entgegengesetzte Natur anhaften, hierdurch aber dir selbst der starke Trieb zum Anschluss an deine Natur und zur Zurückkehr in deine Heimat verloren gehen. Wisse, dass der hehre und hohe Urheber der Dinge selbst das edelste aller Dinge ist; nimm dir also die edeln Dinge zum Beispiel, um dich dadurch auf dem Wege der Wahlverwandtschaft deinem Schöpfer anzunähern, und wisse, dass sich das Edle an das Edle, das Gemeine aber an das Gemeine anschließt.

Man stellt, o Seele, die Anforderung an dich, Stetigkeit zu gewinnen, während du in der Welt des Entstehens (und Vergehens) bist. Nun hat aber ein Schlauch, solange er sich auf der Oberfläche des Wassers befindet, weder Stetigkeit noch Ruhe, und wenn er einmal fest liegt, so ist das bloß zufällig; das Wasser wird dann wieder unruhig und schwankt wie zuvor. Erst dann gewinnt jener Schlauch Stetigkeit, wenn er aus dem Wasser heraus kommt und wieder auf das Land gebracht wird, welches seine Quelle und

Wurzel, ihm an Dichtigkeit und Schwere gleichartig ist. Dann erst gewinnt er rechte Stetigkeit. So auch die Seele: so lange sie in der Strömung der Natur bleibt, hat sie keine Stetigkeit und weder Ruhe noch Rast, weil jene Strömung sie ermattet, hilflos fortreisst und an der Erreichung ihres Zieles hindert; kehrt die Seele aber zu ihrer Quelle und Wurzel zurück, so gewinnt sie Stetigkeit, erlangt Ruhe und rastet von dem Elende und der Erniedrigung ihrer Wanderschaft in der Fremde.

VIERTER ABSCHNITT

Die Welt der Natur, o Seele, besteht aus Reinem und Unreinem; darum schlürfe das Unreine in ihr vor dem Reinen hinunter, denn so muss man sich im Leben verhalten; und wisse, dass es besser ist, das Reine nach dem Unreinen, als das Unreine nach dem Reinen zu trinken. Lass dir also nicht beigehen zu sagen: „Wo ist in der Welt der Natur etwas Reines zu finden? Und was ist Reines in ihr zu finden? Sie ist ja unreiner als alles Unreine und lästiger als alles Lästige!" Hiermit habe ich dir aber nur ein Sinnbild aufstellen wollen. Verlangst du nun nach dem unvermischten, seelengedeihlichen Reinen, so suche es anderswo als in der Welt des Entstehens und Vergehens. Denn wenn du es da suchst, wo es ursprünglich gegeben ist, so findest du es; suchst du es hingegen anderswo, so findest du es nicht; findest du aber nicht was du suchst und entgeht dir was du begehrst, so überkommt dich Betrübnis aller Art und Bedürftigkeit; dies aber hat wiederum für dich (inneres) Siechtum zur Folge, welches dich dahin bringt, dass du dem geistigen Wohlsein und dem ewigen Leben abstirbst (d. h. zu beiden unfähig wirst).

Dieses Fahrzeug, o Seele, auf welchem du inmitten dieses gewaltigen Meeres fährst, besteht aus nichts als gefrorenen Wasserteilen und dient nur nebenher zum Fahren darauf. Bald aber wird die Sonne darüber aufgehen: dann wird es sich in seinen Grundstoff auflösen und dich auf der Oberfläche des Wassers sitzend zurücklassen. Kannst du in dieser Stellung bleiben, nun wohl! Wo nicht, so wirst du ein anderes Beförderungsmittel zu suchen haben, da wird es aber kein anderes geben als zwei Dinge, welche du dir zu eigen gemacht haben musst: die Kunst dich schwimmend fortzubewegen und die rechte Kenntniss der einzuhaltenden Richtung.

Das lautere, reine Wasser, o Seele, lässt Alles, was in ihm selbst ist, vor das Auge treten; sind ihm aber Unreinigkeiten und Schmutzteile beigemischt, so hindert dies das Auge, die sich in ihm bergenden geheimen Dinge wahrzunehmen. Eben so das Sonnenlicht: wenn es die Dinge voll bescheint, nimmt das Auge dieselben wahr wie sie wirklich sind; treten aber Dünste, Rauch und Staub vor dasselbe, so wird dem Auge die Wahrnehmung jener Dinge unmöglich gemacht. So nun auch die immateriellen edlen Lichtstrahlen der Vernunft: vermischen sie sich mit den grobmateriellen dunkeln Dingen, so werden sie durch diese verunreinigt, die Vernunft wird an der Wahrnehmung der in ihr selbst gegebenen reinen Formen und Gestalten gehindert und ihres natürlichen Vorstellungsvermögens beraubt; dann aber ist die Seele nicht mehr im Stande, das von ihr zu Erwerbende zu erwerben, das von ihr zu Erkennende zu erkennen und die rechte Kenntniss von der zur Auffindung ihres Heilsweges einzuhaltenden Richtung zu erlangen.

Die Abneigung gegen diese Welt besteht, o Seele, nicht darin, dass man auf angenehme und vorteilhafte Gestaltung des Lebens in ihr verzichtet, dabei aber doch fortwährend Lust hat, länger in ihr zu weilen, sondern die vollkommene Abneigung gegen die Welt besteht darin, dass man Lust hat, von ihr abzuscheiden und sehnsuchtsvoll der Auswanderung aus ihr entgegensieht. Ebenso, o

Seele, besteht die Abneigung gegen die Welt der Natur nicht darin, dass man auf ihre Genüsse und Lüste verzichtet, dabei aber doch Lust hat, länger in ihr zu weilen, sondern die wahre Abneigung gegen dieselbe besteht in dem heftigen Verlangen, sie zu verlassen und vor ihr und ihrer Widerspenstigkeit, ihren Schicksalsschlägen, ihrer Unzuverlässigkeit und ihrer Finsternis Ruhe zu haben. Du musst also, o Seele, das Verlangen nach dem physischen Tode und die Lust dazu in dir befestigen und dich gegen die Verzagtheit davor verwahren; denn aus der Furcht davor kommt das Verderben, aus dem Verlangen danach aber das Heil. Weißt du nicht, o Seele, dass du durch den physischen Tod vom Drangsal zum Behagen, von der Bedürftigkeit zum Genughaben, von der Betrübnis zur Fröhlichkeit, von der Furcht zur Furchtlosigkeit, vom Mühsal zur Ruhe, vom Schmerze zur Lust, vom Siechtum zur Gesundheit, von der Finsternis zum Lichte übergehst? Und bedaure es nicht, o Seele, dass du dadurch des Bösen und Täuschenden entkleidet und mit dem Guten und Beständigen bekleidet wirst, wobei du dich zugleich von der Wahrheit jener Dinge überzeugen und sie mit deinem einfachen, einzigartigen Wesen unmittelbar schauen und er kennen wirst.

Du suchst, o Seele, in der Welt des Entstehens (und Vergehens) Freunde und Genossen zu finden, und weisst doch, dass dies ein Ding der Unmöglichkeit ist. Was du suchst, findet sich nur in der Welt der geistigen Wesen, weil ihr Wesen selbst einfach und rein ist. Verlangst du also danach, so wende dich, um dein Begehr zu erlangen, dorthin und fordere nicht von der Welt des Entstehens (und Vergehens) was nicht in ihr zu finden ist. Denn ihre Bewohner sind Gefangene und Sklaven; welche Freundschaft aber lässt sich von einem Gefangenen, welche Treue von einem Sklaven erwarten? Davon überzeuge dich, handle danach und halte dich fest daran.

Gar schlimm ist es, o Seele, sich von wahren Freunden trennen zu müssen; aber schlimmer, al-lerhand Freunde zu haben, die sich selbst von uns trennen. Die Bewohner dieser Welt, o Seele, leiden und üben Unrecht und Täuschung. So empfangen sie die in den Wohnsitz der Sorgen und Kümmernisse herabgekommene Seele mit Freudenbezeugungen und Fröhlichkeit; wenn sie aber daraus wieder zurückkehrt, so geben sie ihr Weinen und Heulen zum Geleite. Daran, o Seele, hast du ein genügendes Beispiel von Unrecht und Widerstreit gegen Wahrheit und Gerechtigkeit.

Überzeuge dich, o Seele, durch fortgesetzte Betrachtung der Dinge, siehe ein und erkenne, dass vier Dinge unvermeidlich die Ursache des Verderbens der Seele sind: die Unwissenheit, die Bekümmernis, die Bedürftigkeit und die Furcht. Erkenne dann, o Seele, dass, wer forschend nach dem Wissen strebt, die Unwissenheit und Bekümmernis, wer sich von den Lüsten rein hält, die Bedürftigkeit, wer sich nach dem physischen Tode sehnt und ihn gern empfängt, die Furcht von sich tut.

Der Unwissende, o Seele, kennt durchaus nicht das wahre Wesen irgend eines Dinges; der, welcher nicht zu seinem Wesen gehörende Dinge erwirbt, unterliegt sein Leben lang der Bekümmernis; der, welcher nach tierischen Lüsten trachtet, ist immerfort bedürftig; der, welcher sich vor dem physischen Tode fürchtet, beraubt sich hierdurch des Genusses der Furchtlosigkeit. Kann es nun aber ein unseligeres Wesen geben als eine unwissende, kummervolle, bedürftige und furchterfüllte Seele?

Könntest du dir aber, o Seele, die Vollkommenheitsstufe sichern, dass du den Schmerz der Daseinsentäußerung, welche dich zur Trennung von der Welt der Natur führt, standhaft ertrügest, so würdest du dich zugleich sowohl der Furcht als der Bedürftigkeit entäußern. Lege darum, o Seele, den Panzer der Standhaftigkeit an und lass nicht zu der Betrübnis über die Entfernung von der Heimat noch Furcht und Bedürftigkeit hinzukommen, wodurch du in's Verderben geraten würdest.

Rühmlich ist es, o Seele, das Leben mit Standhaftigkeit und Festigkeit zu ertragen; schmachvoll, den Tod mit der Niedergeschlagenheit und Verzagtheit eines Besiegten zu erleiden.

Getötet werden, o Seele, — das ist eine rasch zu Ende gehende Spanne Zeit; aber die Schmach der Gefangenschaft ertragen, dass ist ein lang dauernder Zustand. Erleide also gern den Tod in der Welt der Natur, aber nicht die Gefangenschaft; denn jener Tod ist das ewige Leben, diese Gefangenschaft aber der wahre Tod.

Hier sind, o Seele, drei Stufen; — stelle dich auf die höchste und schönste von ihnen! Die niedrigste ist die eines Menschen, der da weiß und nicht tut; dieser gleicht einem Bewaffneten ohne Tapferkeit; was könnte aber der Feige mit den Waffen ausrichten? Die zweite Stufe ist die eines Menschen, der da tut und nicht weiß: dieser gleicht einem Tapferen ohne Waffen; wie soll aber ein Unbewaffneter seinem Feinde entgegentreten? Jedoch kann der Tapfere leichter Waffen als der Feige Mut erlangen, und so steht auch der, welcher tut und nicht weiß, höher als der, welcher weiß und nicht tut. Die dritte Stufe endlich ist die eines Menschen, der da weiß und tut: dieser gleicht einem Tapferen und zugleich Bewaffneten, und diese Stufe muss als die höchste (schlechthin hohe) gelten.

Der Mond, o Seele, erscheint leuchtend, so lange das Licht der Sonne auf ihn fällt; tritt aber zufällig der Schatten der Erde zwischen beide, so verliert er sein Licht und erscheint finster. So ist auch die Seele licht- und glanzvoll, so lange das Licht der Vernunft auf sie fällt; treten aber Blut, Schleim und Galle als Mittelursachen hemmend zwischen beide, so verliert die Seele ihr Licht und erscheint finster. Und wie, so lange die Erde im Mittelpunkte der Welt steht, der Mond nie von Verfinsterung frei bleiben wird, so wird auch die Seele, so lange sie an der Welt der Natur haftet, nie von Verfinsterung und Schädigung befreit sein. Es ergibt sich somit aus dieser Darlegung, dass die Seele nur dadurch Ruhe findet, dass sie die Welt der Natur verlässt und aus dem Leben hienieden schleunig wieder abscheidet.

FÜNFTER ABSCHNITT

Die (tatsächliche) Vernunft, o Seele, ist nichts anderes als das Bilden von Vorstellungen und Anschauungen. Jede Seele, die sich des Bildens von Vorstellungen und Anschauungen begibt, verliert damit sich selbst; wer aber sich selbst verliert, der ist tot. Das Bilden von Vorstellungen und Anschauungen, o Seele, ist die (tatsächliche) Vernunft, und diese ist das ewige Leben, der Genuss von Vergnügungen und Wohlleben aber der ewige Tod. Hüte dich also, dich lieber dem ewigen Tode zu ergeben und dadurch in's Verderben zu geraten, als dich des ewigen Lebens zu befleißigen. Aus welchem anderen Grunde, o Seele, streben alle physischen vernunftlosen Substanzen von Natur nach zu ihren Grundstoffen und Ursitzen hin, als weil ihnen da ganz wohl ist? Ja gewiss, für jede Substanz ist der Sitz ihres höchsten und mächtigsten Waltens zugleich das Endziel ihrer Bewegung und ihr eigentlicher Wohnsitz. Kehrt nicht, o Seele, Alles, was aus der Erde entspringt, wie Steine und andere Dinge, durch Auflösung zu seiner Wurzel und Quelle, der Erde, zurück? Ja sogar, wenn man etwa ein Erdteilchen nimmt und hoch über die Erdoberfläche emporhebt, dann aber wieder sich selbst überlässt, kehrt dasselbe durch seine natürliche Bewegung schnell wieder zu seinem Grund- und Urstoff zurück. Ebenso sieht man alle Gewässer, insofern sie durch nichts gehemmt werden, durch ihre Selbstbewegung von Natur immer zu ihrem Hauptgrundstoff hinziehen und vordringen; so alle Quellen, die sich mit den Flüssen, und alle Flüsse, die sich zuletzt immer mit dem Meere, welches der Grundstoff des Wassers ist, vereinigen. Und ebenso jedes andere Ding außer den genannten; wie das Feuer und die Luft beide, zu ihrem Grundstoff zurückkehrend, beständig nach oben gehen. Wenn nun von diesen Dingen, die weder Vernunft noch Urteilskraft haben und deren Bewegung nur aus dem eine Tierherde in Bewegung setzenden blinden Triebe entspringt, doch ein jedes durch diesen Trieb sich dahin bewegt, wo es am höchsten, mächtigsten und kräftigsten waltet, und sich gegen die Entfremdung und Entfernung von seiner Heimat und seinem eigentlichen Wohnsitze sträubt: Warum sträubst du dich, o Seele, die du Vernunft und Urteilskraft besitzest, gegen die Rückkehr zu deiner Heimat und deinem Grundstoff, wo du am höchsten und mächtigsten waltest, empfindest Widerwillen dagegen, möchtest gern von deiner Wurzel und Quelle entfernt bleiben und lieber stets im fremden

Lande weilen und Erniedrigung und Demütigung erdulden? Sage mir doch nur: tust du das aus Naturtrieb, oder nach Vernunftbestimmung? Geschieht es aus Naturtrieb: nun so tue es doch den Naturdingen gleich in ihrer natürlichen Tätigkeit und ihrem steten Zurückkehren zu ihren Grundstoffen; geschieht es aber weil Vernunft und Urteilskraft dich dazu bestimmen: wie ist es einem Wesen mit Vernunft und Urteilskraft möglich, die Fremde der Heimat, den Wohnsitz der Erniedrigung dem der Hoheit, das Erdulden von Schmach und Demütigung dem Genuss von Ruhe, Ehre und Vollgewalt vorzuziehen? Wer auf dieser Stufe steht, den kann man offenbar weder mit den Naturdingen, noch mit den Vernunftwesen auf gleiche Stufe stellen; wer aber zu keiner von diesen beiden Gattungen gehört, der ist überhaupt nichts, kann nicht zu dem wirklich Seienden gerechnet, sondern muss davon ausgeschlossen werden. Fasse also, o Seele, diese Wahrheiten wohl in's Auge und kehre nach Bestimmung deiner Vernunft dahin zurück, wo deine größte Erhabenheit und dein Urwohnsitz ist. Ich habe, o Seele, Alles, was Genuss gewährt, betrachtet, aber nichts Genussreicheres gefunden als drei Dinge: nichts fürchten, wissen und genug haben. Ein jedes dieser Dinge hat eine Wurzel und

Quelle, die dasselbe hervortreibt. Wer nach dem Wissen trachtet, der gehe zu den Lehrern des Strebens nach Einheit; denn durch das Streben nach Einheit wird die Erwerbung des Wissens bewirkt, durch das Wissen aber die Erfassung des Wesens der Dinge; — wer ferner nach dem Genughaben trachtet, der erhebe sich zur Stufe der Genügsamkeit; denn wo keine Genügsamkeit, da ist auch kein Genughaben; endlich wer nach der Furchtlosigkeit trachtet, der befestige in sich den Entschluss, die Trennung von der Welt der Natur, d. h. den physischen Tod, mit Standhaftigkeit zu ertragen. So lange du, o Seele, in der Welt des Entstehens und Vergehens bist, hüte dich ein- für allemal vor dem Verkehr mit zwei Dingen, die, bei Gott, die wahren Seelenverderber sind; hüte dich vor ihnen und wende dich, wie einer, der sich vor ihnen fürchtet, von ihnen ab. Diese beiden Dinge sind die Weiber und die berauschenden Getränke. Wer, o Seele, in die Hand der Weiber gerät, ist wie ein Vogel, der in die Hand eines unverständigen Knaben gerät: der Knabe, wohlgemut, tändelt und spielt mit ihm und hat seine Freude an ihm, während unterdessen der Vogel Todesangst aussteht und Qualen aller Art leidet. Ebenso musst du dich, o Seele, vor der Trunkenheit hüten; denn diese macht die

Seele einem Schiffe gleich, das ohne einen Bootsmann und ohne einen Steuermann, der es lenken könnte, in der stärksten Strömung des Wassers und im Wogendrange dahinfährt; ebenso wird die Seele, wenn sie von der Vernunft abfällt, von der Natur schwankenden Laufes ohne Ordnung und Regelmässigkeit fortgeführt, so dass sie in's Verderben gerät und untergeht. Zwischen dir, o Seele, und der Kenntniss eines Dinges, welche dir aus der Sphäre außerhalb deines Wesens durch etwas Materielles zugeführt wird, ist nur ein mittelbares Verhältnis. Vergisst du nun jenes Ding wieder, so kommt dies von der finstern Natur und der Verschiedenheit der Teile deines Körpers, seiner Schwere und davon her, dass er dich zu seinem Wesen herabzuziehen sucht und dich durch seine vielen innern Gegensätze und seine Zusammensetzung hemmt und hindert. Daher vergisst du wieder was du gemerkt, und weißt nicht mehr was du gelernt hast. Es findet hier, o Seele, dasselbe Verhältnis statt, wie zwischen dem Auge, den sichtbaren Gegenständen, der Finsternis und dem Lichte. Ist nämlich das Auge von Finsternis umgeben, die sichtbaren Gegenstände aber stehen gegenwärtig vor ihm da, so sieht es sie doch nicht und hat nicht die Kraft sie wahrzunehmen; fällt aber dann aufhellendes Licht in das Auge, so verhilft dies ihm zur Wahrnehmung der Gegenstände seines Sehens und seiner Sinnesempfindung, welche ihm noch soeben verborgen waren. So hat also jenes Licht das Auge gleichsam zu ihnen hingetrieben, sie ihm vollkommen wahrnehmen lassen und sie, nachdem sie bloß potentiell wahrnehmbar waren, zu effektiv wahrgenommenen gemacht. So lange nun das Auge die Einwirkung jenes Lichtes empfindet, empfindet es auch die Gegenstände seines Sehens und nimmt sie wahr; verliert es aber die Einwirkung des Lichtes und wird es wieder von Finsternis umgeben, so verliert es auch die Wahrnehmung aller von ihm sinnlich empfundenen Dinge. Sollte aber die Wahrnehmung beständig fortdauern, so müsste auch das Licht ein fortdauerndes und von Verfinsterung freies sein. Ist es dir, o Seele, nunmehr klar geworden, dass das Licht von der Vernunft, die Finsterniss aber vom Körper kommt, so darfst du auch nicht die Trennung von dem Körper bedauern, da er dich ja so sehr schädigt und an der Wahrnehmung deiner ewigen, übersinnlichen Erkenntnisgegenstände hindert; vielmehr musst du bedauern, dass du noch von der Welt der Vernunft, von den Vorteilen die sie dir bietet, und von der Förderung, die sie dir für Erreichung der Gegenstände deines Strebens verspricht, geschieden bist. Wende dich also, o Seele, von der (Welt der) Natur ab, indem du ihr entsagst, sie zu lieben aufhörst, sie fürchtest und dich vor dem Elende, zu dem sie endlich hinführt, hütest, — um dich dagegen deiner Welt zuzuwenden, die deine Wurzel und Quelle und der eigentliche Sitz deiner Hoheit und Macht ist; dadurch wirst du das ewige Leben und die allervollkommenste Seligkeit erlangen. Wie lange, o Seele, willst du noch in der Welt des Entstehens (und Vergehens) auf und ab, hin und her ruhelos herumschweifen, indem du dir Verwandte und Freunde anschaffst, bald einen Freund aufgibst, bald wieder einen annimmst und dich zu ihm hältst? Kein Freund, den du dir zugesellt hast, zeigt sich dir von einer guten Seite, ohne sich dir zugleich von einer andern als ein Mensch zu zeigen, der es ernstlich darauf anlegt, Untreue gegen dich zu üben und dich in der Not ohne Hilfe zu lassen, während du ihm ernstlich Treue zu halten und Hilfe zu leisten gewillt bist, als ein Mensch, der krank ist, während du ihn für gesund — unrein, während du ihn für rein hältst, der einen fortwährenden Gegensatz zu dir mit dem in deiner Substanz und Natur Liegenden bildet und schließlich nach diesem Allen, ohne dass du etwas verbrochen und verschuldet hast, gänzlich mit dir bricht und sich für immer von dir trennt. Du aber leidest unter beständigen Trennungen zu jeder Zeit vielfaches Herzeleid und entbehrst eines wirklichen Vertrauten und Freundes, indem jene Untreue und Unrecht gegen dich üben, du hingegen redlich mit ihnen handelst, ohne dich auf Grund des Frühern gegen das Spätere sicher zu stellen und ohne dich dadurch, dass du sie durch lange Erfahrung hast kennen lernen, warnen zu lassen und dir selbst ein Beispiel daran zu nehmen. Wie lange also, o Seele, willst du dich noch zu den Bösen, den Übeltätern, den Verrätern, den Treulosen halten? Ist dies wirkliche Torheit und Blindheit von dir, oder stellst du dich nur töricht und blind für das Rechte?

SECHSTER ABSCHNITT

Gesetzt, o Seele, es tränke Jemand einen einzigen Schluck Wasser, so würde dieser einzige Schluck in seiner Seele eine sichere Kenntnis von der Natur des Wassers begründen; denn die selbstgewonnene Kenntnis eines Teiles von irgendeinem Einzelding gibt Aufschluss über dessen Gesamtbeschaffenheit. Wer eine Handvoll Erde ansieht, hat damit Alles, was Erde ist, gesehen; denn wenn auch die Arten der Erde verschieden sind, so ist es doch ihre Substanz nicht. Wer sich zu Verwandten und Freunden gesellt, welche alle von einem Stoffe und einer Substanz sind, der erkennt sicher, dass einer von ihnen über sie alle, eine kleine Anzahl über eine große Menge von ihnen Aufschluss gibt. Beschränke dich, o Seele, auf diese Darlegung und begnüge dich damit; du wirst dadurch zur Erlangung von Heil und Seligkeit Förderung erhalten.

Ich sehe, o Seele, wie jedes Ding sich nach ihm Ähnlichem sehnt und alles einer Art Angehörige sich an diese seine Art anschließt; diese Wahrheit musst auch du anerkennen. Du, o Seele, bist lauter, — darum geselle dich nicht zu Unlauterem; du bist licht- und glanzvoll; — darum geselle dich nicht zu Finsterem; du bist lebend und redebegabt, — darum geselle dich nicht zu Leblosem und keiner Rede Fähigem; du bist einsichtsvoll und gerecht, — darum geselle dich nicht zu Einsichtslosem und Ungerechtem; du bist rein und schmutzlos, — darum geselle dich nicht zu Unreinem und Schmutzigem; du hast den freien Gebrauch von Urteilskraft und vernünftigem Willen, — darum geselle dich nicht zu dem, was nur eine von blindem Triebe ausgehende, ungewisse und verworrene Tätigkeit entwickelt.

Kannst du dich aber von der Wahrheit dieser meiner Darlegung nicht überzeugen, so zeige mir doch, wie deine von mir angegebenen Eigenschaften mit denen der Dinge außer dir harmonieren könnten? Es ist ja undenkbar, o Seele, dass du an die Möglichkeit der Vereinigung zwei verschiedenartiger Dinge zu einem Begriffe glauben solltest. Traue also, o Seele, meinen Worten und nimm zur Richtschnur das, was ich dir vorgezeichnet und genau vorgeschrieben habe: so wirst du die Wahrheit finden und das Rechte treffen.

Ein im Wasser Versinkender, o Seele, hat ganz Anderes zu tun, als Fische zu fangen; so hat auch der Bewohner dieser Welt, wenn er einsieht, wie schlimm er in ihr daran ist, mit der Rettung seiner Seele so viel zu tun, dass er sich mit weltlichen Gütern und Genüssen nichts zu schaffen machen kann.

Während du, o Seele, in der Sinnenwelt bist, erkennst du fortwährend durch Erfahrung, was du von deinem Organe (dem Körper), seiner widerspruchsvollen und unsaubern Beschaffenheit zu leiden hast; nimm also zu deinem Organe nicht noch eine andere Person (ein Weib) hinzu, wodurch du einem Menschen ähnlich würdest, der durch einen auf seinen Nacken genommenen Stein beschwert im Meere versänke. Ich glaube

nicht einmal, dass ein im Meere Versinkender sich daraus retten kann, wenn er bloß
mit sich selbst zu tun hat; wie wäre dies
aber erst möglich, wenn er sich noch eine
andere Person außer ihm selbst auf den
Hals geladen hat?

Du kannst, o Seele, den Heilsweg deiner-
seits nur nach Maßgabe dessen wandeln,
was du kennst und wovon du Erfahrung
hast. Kennst du nämlich bloß die sinnlichen
Dinge, so wirst du, wenn du dich fortbe-
wegst, dich nur nach dem dir Bekannten hin
fortbewegen, dahin dich richten, daran dich
binden; kennst du aber die geistigen Dinge
und ziehst sie andern vor, so wirst du dich
nach ihnen hin richten, dahin dich fortbewegen, daran dich binden.

Siehe hier, o Seele, den Wohnsitz der
sinnlichen, dort den Wohnsitz der geistigen
Dinge vergegenwärtigt vor dich hingestellt.
Du hast jeden von beiden aus Erfahrung
kennen gelernt und unmittelbar mit ihm
verkehrt; wähle nun also welchen du willst,
mit Sachkenntnis, ohne Abweisung oder
Verweigerung fürchten zu müssen, und zie-
he hin nach dem von beiden, welcher dir der
liebste ist. Willst du in dem Wohnsitz der
Sinnlichkeit bleiben, so nimm da deinen
Aufenthalt — unter den dir aus Erfahrung
bekannt gewordenen Bedingungen; willst du

aber nach dem Wohnsitz der Vernunft hinziehen, so musst du dir bei der Losreißung (von dem Sinnlichen) eine bestimmte Vorstellung von dem bilden, was der vor dir liegende Weg eigentlich ist, und wie du ihn in geordneter Reihenfolge, eine Station nach der andern, zu durchwandern hast, um endlich den Ort der ewigen Ruhe zu erreichen.

Hast du dir, o Seele, diesen Weg wohl gemerkt, so hüte dich, bei deiner Fortbewegung Vergessenheit und Furcht sich zwischen dich und ihn eindrängen zu lassen, wodurch du vom Wege abkommen und irre gehen würdest. Vergisst du ihn aber doch, so rufe dir ihn wieder in's Gedächtnis zurück und bediene dich dazu der Berichte derjenigen, welche ihn schon durchwandert haben und aus Erfahrung kennen; denn das sind die Vorgänger auf dem Heilswege, die Leuchten in der Finsternis und die Wegweiser auf dem Pfade zur Erreichung des Endziels. Wisse auch, o Seele, dass alles nach oben Gehende und Strebende leicht, lauter und rein sein muss und dadurch rascher zu seinem Ziele hin kommt, dass hingegen alles nach unten Gehende schwer und unrein sein muss und desto rascher zu seinem Ziele hin kommt, je schwerer es ist.

Die hohen Gäste kommen, o Seele, fortwährend aus ihrer eigenen in die Welt der

Natur herab, um diese durch Erfahrung kennen zu lernen. Wenn du daher von den Organen Gebrauch machst, durch welche die Geschmacks-, Geruchs- und Gesichtsobjekte unmittelbar wahrgenommen werden, so erinnere dich dabei, o Seele, deiner Zukunft und beherzige, dass diese Welt, ihre Genüße, Tändeleien und Spielereien durchaus vergängliche Dinge sind und nichts besteht als die ewigen Erwerbungen (des Geistes), wie das wahre Wissen, die Gerechtigkeit, die verzeihende Güte, die Barmherzigkeit, die Rechtschaffenheit, die Standhaftigkeit, der Edelsinn, die Langmut, die Tapferkeit, die Freigiebigkeit und andere löbliche Eigenschaften.

Die unlöblichen Eigenschaften aber, o Seele, meide: so wirst du dich fehlerfrei erhalten, wenn du fleißig an das denkst, was ich dir bisher vorgetragen habe.

Dies ist das Ende meiner Worte und Ermahnungen an dich. Lass sie dir immer vor Augen stehen und ihre Befolgung zur Gewohnheit und anderen Natur werden. Dies soll deine Aufgabe sein.

Lob sei Gott!

Epilog

In seinem Sendschreiben *An die menschliche Seele* spricht der unbekannte, unter dem Namen des Hermes Trismegistos schreibende Autor unmittelbar die Seele an; er richtet seine Worte an unser Aller höheres Selbst, nicht an den vergänglichen, sterblichen Teil des menschlichen Wesens. Dabei zeigt sich der Autor als sehr radikal in der Art, wie er das Ewige, Unvergängliche, Geistig-Göttliche in den Mittelpunkt und als das Ziel allen Strebens hinstellt. Darin erweist sich der Autor als ein echter geistiger Lehrer, den indischen Yogis, den Mystikern, den islāmischen Sufis vergleichbar; ihm geht es allein um Erlösung: er kennt den Heilsweg, und er sieht seine Aufgabe darin, ihn den anderen, noch unerlösten Menschen kundzutun.

Es spielt dabei gar keine Rolle, ob der Verfasser Christ ist, ob Moslem, oder ob er den Werten des hellenistischen Griechentums anhängt. Der Heilsweg ist universal; er hängt nicht an irgendeinem religiösen Glaubensbekenntnis, und die Mystiker aller Religionen stimmen im Wesentlichen überein, nämlich in dem Bestreben, mit dem obersten Göttlichen eins zu werden.

Auch wenn der Autor nicht mit dem großen *Hermes Trismegistos* identisch ist, in dessen Namen er schreibt, so bewegt er sich doch ganz eindeutig im Schwingungsfeld der Hermetischen Bruderschaft, deren Gedankensystem er in einer ebenso einfachen wie eindringlichen Sprache zum Ausdruck bringt. Ein moderner Leser wird das Altmodische an dieser Sprache vielleicht kritisieren wollen, und er würde dann auch wenig Verständnis aufbringen für die Radikalität, mit der in diesem Sendschreiben alles Diesseitige, Weltliche, bloß Irdische in seiner Geltung relativiert und dem Geistigen hintangestellt wird. Das ist jedoch, vom Standpunkt des Verfassers, nur konsequent, seine Sprache ist nicht altmodisch, sondern wahrhaftig. Der moderne Leser hat das Problem, dass er sich in einem Bewusstseinszustand befindet, in dem er solche wirklich spirituellen Werte nicht begreifen kann.

Denn der unbekannte Verfasser, der zweifellos ein Mystagoge ist, einerlei ob Christ oder nicht, erweist sich in seiner Argumentation eindeutig als *Platoniker*; er richtet seinen Blick auf die ewigen *Ideen*, die Urbilder des Seins, und betrachtet die Diesseits-Welt als bloßen Schatten, als Abbild und Abglanz der eigentlichen, transzendentalen Wirklichkeit. Und dieser Platonismus widerspricht ganz und gar dem modernen Bewusstsein. Für den modernen Menschen ist allein die materielle Welt real und das Geistige nur ein lebloser Schatten. Und daher führt auch kein Weg daran vorbei, dass ein Mensch, der nach dem Spirituellen strebt, eine innere Umkehr vollziehen muss, dass er wie

Platons gefesselte Höhlenbewohner sich nach dem Licht umwenden muss, das die Wahrheit ist, die Idee des Guten, die Geistige Zentralsonne. Daher ist ein Prophet vonnöten, der wie Johannes der Täufer den Menschen zuruft: *metanoiete! Kehret um, das Reich Gottes ist inwendig in Euch!* Ein solcher Prophet ist der unbekannte Verfasser des hermetischen Sendschreibens *An die menschliche Seele*.

Der Übersetzer

Heinrich Leberecht Fleischer (1801–1888) begründete die Arabistik in Deutschland und gilt als einer der bedeutendsten Orientalisten seiner Zeit. Nach einem Studium in Paris wurde er 1835 zum Professor für Orientalische Philologie an der Leipziger Universität ernannt. Unter seiner Leitung wurde die Leipziger Orientalistik wegweisend in ganz Europa. Seine zahlreichen Schüler aus dem In- und Ausland setzten sein Werk in unterschiedlicher Weise fort. Fleischer war außerdem ein glänzender Wissenschaftsorganisator. So wurde er zum Spiritus Rector der *Deutschen Morgenländischen Gesellschaft,* die am 2. Okt. 1845 gegründet wurde.

Literatur

**Corpus Hermeticum
1471 – 2014**

Ficinus 1471:
Mercurii Trismegisti Liber de Potestate et Sapientia Dei, e Graeco in Latinum traductus a Marsilio Ficino, Tarvisii 1471.

Turnebus 1554:
Mercurii Trismegisti Poemander, seu de potestate ac sapientia devina. Aesculapi definitiones ad Ammonem regem ... Parisiis, MD LIIII (= Paris 1554) apud Adr. Turnebum typographum regium.

Flussas 1574:
Mercurii Trismegisti Pimandros utraque lingua restitutus, D. Francisci Flussatis Candallae industria... Burdigalae ... 1574.

Rossel 1585-90/ 1630:
Pymander Mercurii Trismegisti, Krakau 1585-90, Köln 1630.

Patrizzi 1591:
Nova de universis philosophia, libra quinquaginta comprehensa ... Hermetis Trismegisti libelli, et fragmenta, quocumque repeiuntur, ordine scientifico disposita Venetis (= Venedig) 1593.

Everard 1650:
The divine Pymander of Hermes Trismegistus, in XVII books. Translated formerly out of the Arabick into Greek, and thence into Latine, and Dutch, and now out of the original into English: by that Learned Divine Doctor Everard, London ... 1650.

Alethophilo 1706:
Hermetis Trismegisti Erkänntniß der Natur und des darin sich offenbarenden Grossen Gottes / Begriffen in 17 unterschiedlichen Büchern / nach Griechischen und Lateinischen Exemplaren in die Hochdeutsche

Sprache übersetzt ... Verfertiget von Alethophilo, Hamburg 1706.

Tiedemann 1781:
Hermes Trismegists Poemander oder von der göttlichen Macht und Weisheit, aus dem Griechischen übersetzt ... von Dieterich Tiedemann. Berlin und Stettin ... 1781.

Alethophilo 1786:
Hermes Trismegistus. Einleitung in das höchste Wissen: von der Kenntniß der Natur und des darin sich offenbarenden grossen Gottes ... Verfertigt von Alethophilo, Leipzig 1786 / Stuttgart 1855.

Parthey 1854:
Hermetis Trismgisti Poemander. Ad fidem cidicum manuscriptorum recognovit Gustavus Parthey. Berolini, MDCCC L IV (= Berlin 1854).

Ménard 1866:
Hermès Trismégiste. Traduction Complète, Précédée d'une Étude sur l'Origine des Livres Hermétiques. Par Louis Ménard ... Paris ... 1866.

Westcott 1894:
The divine Pymander of Hermes Trismegistus, trans. with a preface by W. W. Westcott, London 1894.

Mead 1906:
Thrice Greatest Hermes. Studies in Hellenistic Theosophy and Gnosis. Being a Translation of the Extant Sermons and Fragments of the Trismegistic Literature, with Prolegomena, Commentaries, and Notes. By G. R. S. Mead. London and Benares 1906.

Scott 1924-26:
Hermetica. The Ancient Greek and Latin Writings which Contain Religious or Philosophical Teachings Ascribed to Hermes Trismegistus. Edited with English Translation and Notes by Walter Scott, Vol. 1-3. Oxford 1924-26.

Festugiere 1954: Corpus Hermeticum. Tome I-IV, Paris 1954.

Copenhaver 1992:
Hermetica. The Greek Corpus Hermeticum and the Latin Asklepius in a new English Translation, with notes and introduction by Brian Copenhaver, Cambridge 1992.

Colpe / Holzhausen 1997:
Das Corpus Hermeticum Deutsch. Übersetzung, Darstellung und Kommentierung in drei Teilen. Im Auftrag der Heidelberger Akademie der Wissenschaften bearbeitet und herausgegeben von Carsten Colpe und Jens Holzhausen, Stuttgart/Bad Cannstadt 1997.

Wiontzek Hermetica Stiftung 2004:
Die Traktate des Corpus Hermeticum. Übersetzung von Maria M. Miller, Novalis-Verlag 2004.

Krzyzan 2014:
Corpus Hermeticum. Der Weg des Menschen. Aus dem Altgriechischen von Beate Krzyzan, DRP Rosenkreuz Verlag, Birnbach 2014.

Steiner 2014:
Corpus Hermeticum Lateinisch u. Deutsch, Edition Oriflamme 2014.

Ehmer 2021: Das Corpus Hermeticum. Übersetzung und Kommentar, 3. Aufl. Hamburg 2021 (edition theophanie Band 7).

Arabische Hermetica

Reiske 1736:
Hermetis Trismegisti, Philosophi Aegypti antiquissimi, Epistolam ad animam de fuga rerum mundanarum et studio coelestium e Cod. Ms. Arab. Clarissimi quondam Wagenseilii, qui in instructissima Bibliotheka Magniff. Ampll. Senatus Lipsiensis exstat, latine vertit Jo. Jac. Reiske, Sorbigensis, Lipsiae (= Leipzig) mense Augusto 1736.

Fleischer 1870:
An die menschliche Seele. Arabisch und Deutsch. Herausgegeben von Prof. Dr. H. L. Fleischer, Leipzig 1870.

Bardenhewer 1873:
Hermeti Trismegisti qui apud Arabes fertur de castigatione animae libellum edidit, Latine vertit ... Otto Bardenhewer. Accedit Appendix in qua nonulla philosophiae Arabicae vocabula explicantur. Bonnae (Bonn) 1873.

Ullmann 1972:
Die Natur- und Geheimwissenschaften im Islam, Leiden 1972.

Ullmann 1994:
Das Schlangenbuch des Hermes Trismegistos, hrsg., übers. und eingel. von Manfred Ullmann, Wiesbaden 1994.

K. van Bladel 2009:
The Arabic Hermes, Oxford 2009.

Pierre Lory 2006:
Hermetic Literature III: Arab. In: Wouter J. Hanegraaff (Hg.): Dictionary of Gnosis and Western Esotericism, Leiden 2006, S. 529–533

Kurt Flasch 2011:
Was ist Gott? Das Buch der 24 Philosophen, München 2011.

Dr. Manfred Ehmer

Dr. Manfred Ehmer hat sich als wissenschaftlicher Sachbuchautor darum bemüht, die großen kulturgeschichtlichen Zusammenhänge aufzuzeigen und die archaischen Weisheitslehren für unsere Zeit neu zu entdecken. Mit Werken wie *Die Weisheit des Westens, Gaia* und *Heilige Bäume* hat sich der Autor als gründlicher Kenner der westlichen Mysterientradition erwiesen, mit *Das Corpus Hermeticum* einen Grundtext der spirituellen Philosophie vorgelegt. Die von ihm übersetzten *Chaldäischen Orakel* sind als ein wichtiges Dokument abendländischer Magie zu werten. Daneben steht eigene Dichtung, in dem Band *Sphärenharfe,* sowie lyrische Nachdichtungen etwa des berühmten *Hyperion* von John Keats oder des vedischen *Hymnus an die Mutter Erde.* Besuchen Sie den Autor auf seiner Internetseite:

https://www.manfred-ehmer.net

Was ist Theophanie?

Der Begriff *Theophanie* bedeutet die Erscheinung eines Gottes – seine Manifestation in der Natur und in der Menschenwelt. Die Religionsgeschichte ist voll von Theophanien; wenn Jahwe dem Moses einst im brennenden Dornbusch erscheint, wenn Christus als der Auferstandene sich seinen Jüngern zeigt, wenn Krishna dem Arjuna in seiner wahren Gestalt entgegentritt – dann sind dies Glieder in einer endlosen Kette von Theophanien, die seit Anbeginn die Menschheit in ihrer Entwicklung begleitet haben. Im Laufe der Kulturentwicklung sieht man immer wieder, in welch vielfältigen Erscheinungsformen die Götter sich den Menschen kundgetan haben. Und letzten Endes ist die ganze Welt eine einzige große Theophanie, eine Manifestation Gottes.

Der Theophania Verlag stellt sich vor

Theophania bedeutet „die Erscheinung Gottes" (von altgriechisch theós / θεός = Gott + phainein /φαίνειν = erscheinen, ans Licht bringen, offenbaren).

Der Theophania Verlag möchte in seinen Publikationen aufzeigen, in welchen Erscheinungsformen sich Gott oder die Götter in der Menschheitsgeschichte offenbart haben. Die thematischen Schwerpunkte des Verlages sind Hermetik, Neuplatonismus, die westliche Mysterientradition, Theurgie und Theosophie. Daneben gibt es die Schwerpunkte spirituelle Ökologie, Geomantie, Kultplätze, Traditionen der Naturreligion und der Mutter-Erde-Verehrung in Europa. Einen weiteren Unterschwerpunkt stellen Übersetzungen und lyrische Nachdichtungen dar.

Unsere Buchreihe *edition theophanie* ist in erster Linie der hermetisch-neuplatonischen Tradition geweiht. Sie versucht, dieses gewaltige Erbe des Abendlandes aufzuarbeiten und in die Geisteskultur der Gegenwart einfließen zu lassen.

Dank einer Kooperation mit einem sehr effizienten Dienstleister sind wir in der Lage, den Buchmarkt flächendeckend zu bedienen. Ob im nächsten Buchladen, bei den großen Filialisten oder in Online-Shops, die Bücher aus unserer Produktion sind überall zu finden. Sie sind in den wichtigsten Volltextsuchen und im Verzeichnis lieferbarer Bücher (VLB) angezeigt. Alle Bücher aus unserem Verlagsprogramm sind in den drei

Formaten Softcover, Hardcover und E-Book verfügbar. Wir sind allerdings kein Autorenverlag. Angehende Autoren wollen wir bitten, uns nicht Manuskripte zur Veröffentlichung zuzusenden.

Die Bücher aus unserem Theophania Verlag sind keine Massenprodukte. Ein gediegenes Design, hohes inhaltliches Niveau und kleine Auflagen – das sind die Kennzeichen der Bücher unseres Verlages.

Der Theophania Verlag ist ein Imprint der Firma *tredition GmbH*, Heinz-Beusen-Stieg 5, 22926 Ahrensburg, Germany.

Buchbestellung:

Unsere Bücher sind auf allen Buch-Onlineportalen erhältlich. Vorzugsweise bestellen Sie jedoch bei **https://shop.tredition.com**